T0274547

El pequeño gran libro de la felicidad

EL PEQUEÑO GRAN LIBRO DE LA FELICIDAD

21 pasos para alcanzarla

FELICIDAD CRISTÓBAL

© Felicidad Cristóbal, 2022
© Editorial Almuzara, S. L., 2022

Primera edición: febrero, 2022

Reservados todos los derechos. «No está permitida la reproducción total o parcial de este libro, ni su tratamiento informático, ni la transmisión de ninguna forma o por cualquier medio, ya sea mecánico, electrónico, por fotocopia, por registro u otros métodos, sin el permiso previo y por escrito de los titulares del *copyright*».

Cualquier forma de reproducción, distribución, comunicación pública o transformación de esta obra solo puede ser realizada con la autorización de sus titulares, salvo excepción prevista por la ley. Diríjase a CEDRO (Centro Español de Derechos Reprográficos, www.cedro.org) si necesita fotocopiar o escanear algún fragmento de esta obra.

Editorial Arcopress • Desarrollo personal
Edición: Ana Belén Valverde Elices
Diseño de cubierta: Teresa Sánchez-Ocaña

www.arcopress.com
Síguenos en @ArcopressLibros

Imprime: Coria Artes Gráfica
ISBN: 978-84-18648-36-6
Depósito Legal: CO-185-2022
Hecho e impreso en España - *Made and printed in Spain*

A mi padre,
de quien aprendí que el mejor camino es siempre el amor

Índice

Prólogo 11

Paso I. Del momento actual y del para qué estamos aquí 15
Paso II. De los mitos frecuentes sobre la felicidad 25
Paso III. Del éxito verdadero 29
Paso IV. Del estrés y del cambio 31
Paso V. De la idea de la consciencia 35
Paso VI. De los niveles de consciencia 39
Paso VII. De cómo aumentar
nuestro nivel de consciencia para poder ser más felices 43
Paso VIII. De la aceptación y la oportunidad 45
Paso IX. Del paradigma del mal al paradigma del error 51
Paso X. De las emociones 55
Paso XI. De las necesidades del ego que nos limitan 61
Paso XII. Del miedo 65
Paso XIII. Del sufrimiento 71
Paso XIV. Del perdón 81
Paso XV. De nuestra misión en la vida 85
Paso XVI. Del propósito de nuestras acciones 89
Paso XVII. De la gratitud 93
Paso XVIII. De la estabilidad mental 97
Paso XIX. De la voluntad necesaria para salir del antiguo paradigma ... 107
Paso XX. De la transitoriedad de la vida 109
Paso XXI. De la comprensión y el abandono 113

Bibliografía 119
Agradecimientos 123

Prólogo

Pocos días después de la muerte de mi padre mantuve una conversación con mi querido maestro Tal Ben-Shahar[1], a quien le había comentado varias veces que quería escribir un libro, y le pregunté: «Tal, ¿para qué voy a escribir un libro? ¡Ya está todo escrito!». Él me respondió que si todo el mundo pensara así no existirían más que las obras de Platón, la Biblia y unos cuantos libros más. Además, me recordó la frase de Carl Rodgers: «*What is most personal is most general*» (Lo que es más personal es más general) y así empecé a escribir, colocando sobre un papel lo que había ido descubriendo a lo largo de los últimos años, que han sido los años de mayor crecimiento y de mayores retos, personales y profesionales.

Este libro que tienes en tus manos es mi primer libro. Habla de felicidad quizás porque la «felicidad» (tal y como yo la había imaginado) me ha huido durante muchos años y he

---

1   Tal Ben-Shahar estudió psicología y filosofía en Harvard y obtuvo su PhD en «Comportamiento organizacional». Sus clases en Harvard sobre psicología positiva y la psicología del liderazgo han sido las clases con más alumnos en la historia de dicha universidad. Autor traducido a más de treinta idiomas y conferenciante, es también el cofundador de la *Happiness Studies Academy*, en la que se enseña la materia felicidad.

tardado otros tantos en comprender que la buscaba en el lugar equivocado.

Frente al desasosiego que muchas personas podemos experimentar en algún momento, bien porque en nuestra vida no sucede lo que habíamos esperado que sucediera, bien porque lo que habíamos conseguido se desmorona o por otras múltiples razones que nos inducen a entrar en ese «no saber qué hacer» con nuestra vida, el ser conscientes de que tenemos una misión que ocupará toda nuestra vida y que es convertirnos en nuestra mejor versión (o descubrir nuestro verdadero ser como también podemos expresarlo) hará del camino una aventura diaria que durará hasta el último día de nuestro paso por la Tierra.

Después de haber recorrido el mundo sin tener un minuto, llegó un día en que la vida cambió, sin previo aviso y sin posibilidad de retorno. Este libro no surgió de un día para otro, sino que han sido necesarios varios años para ir descubriendo que entrar dentro de nosotros es un viaje que, por un lado, nos da miedo porque tememos que lo que podemos encontrar no esté a la altura de nuestras expectativas y por otro lado sabemos que es un viaje que puede aportarnos mucha paz, una paz que una vida profesional de vorágine no suele permitir.

Este viaje interior nos hace conscientes de aquellas formas de pensar que hemos ido acumulando desde que somos niños y que se van transformando en formas de vivir que, sin ser quizás las mejores para nosotros, seguimos manteniendo porque forman parte de lo que somos o de lo que creemos ser, porque nos atrapan y no sabemos cómo salir de ellas y/o porque alimentan sentimientos de los que somos esclavos. El resultado es que no podemos volar.

Una vez seamos más conscientes de cómo nos afecta todo lo de fuera y de cómo lo traducimos en nuestro interior, de acuerdo con nuestro sistema de valores y el pasado de cada uno, podremos ser capaces de soltar todo lo que no vaya en la dirección que deseamos. Al soltar, podremos ir construyendo, poco a poco, una nueva vida. Igual que un largo viaje empieza con un primer paso, nuestro viaje interior comienza con un primer pensamiento constructivo y amable, al que sucede otro de cómo nos gustaría que fuera nuestra vida desde el interior. Y así, paso a paso, llegaremos un día al final. Y al llegar podremos mirar hacia atrás y ver cómo fuimos convirtiendo cada situación difícil en una oportunidad de cambio. Día a día pasaremos del estrés a la tranquilidad, de la preocupación continua a la confianza en nosotros y en el Absoluto y del miedo al abandono.

Cuando abrimos un libro esperamos encontrar algo que no hayamos leído hasta ese momento, algo nuevo, aunque solamente sea una frase. Últimamente voy buscando en los libros que leo «pequeñas joyas» que arrojen luz sobre alguna idea determinada. Espero que en las próximas páginas encuentres palabras que te sugieran ideas que te acerquen un poco más a tu interior, ese gran desconocido. Si algunas de las palabras utilizadas o de las ideas que encuentras no van en la dirección que buscas, utiliza lo que pueda servirte. Nada es un dogma, ni este libro pretende ser una verdad absoluta; lo único que puede pretender es ayudar, como tantos libros me han ayudado a mí, a aumentar algo tu paz interior y tu felicidad.

Estos 21 pasos son como pequeños escalones que vamos subiendo y a la vez vamos desprendiéndonos de ideas que simplemente están en nuestra mente porque alguien las puso un día ahí sin que nosotros nos diéramos cuenta. Revisar y llegar a desasirnos de las ideas que no nos ayuden a ir en la dirección que elijamos es algo que nos ayudará a soltar lastre y ese «soltar» tendrá como fruto una nueva alegría.

Todo lo que no nos haga libres, aunque pueda gustarnos simplemente porque es algo conocido, no es probablemente lo mejor para nosotros. La decisión es únicamente nuestra.

Como la piedra que al caer produce ondas en el agua, nuestras acciones y actitudes no sólo tienen efecto en nosotros, sino también en los demás. El resultado del aumento de tu nivel de consciencia es que tú serás más feliz. Y uno a uno iremos sumando cada vez más personas que caminan a nuestro lado en este precioso planeta azul en la dirección de la consciencia y de la felicidad. ¡Buen viaje a tu interior!

Paso I
Del momento actual y del para qué estamos aquí

El primer paso en el camino hacia nuestra propia felicidad es ser conscientes de lo que está sucediendo en el mundo con respecto a la felicidad.

Cuando nacemos nuestro ADN no lleva un manual que nos enseña a ser felices. Van pasando los años y llega un día en que más o menos hemos ido comprobando lo que ha funcionado en nuestra vida y lo que no.

Dependiendo de la familia, del país, de la época, etc. en que cada uno hayamos nacido y crecido tendremos más o menos posibilidades de poder ocuparnos de buscar la felicidad, sin olvidar que el motor de esa búsqueda está dentro de cada uno de nosotros y que depende —en gran parte— de que nuestro deseo de aprender sea mayor que nuestro miedo a los cambios que puedan ser necesarios para lograrlo.

Los seres humanos, en principio, queremos ser felices y eso, como sabemos, ya lo dijo Aristóteles hace 2400 años. Lo que resulta bastante incongruente es que hayamos llegado a cotas inimaginables de avances en tecnología, medicina, ingeniería, etc., y, sin embargo, los índices de felicidad de los habitantes del pequeño planeta llamado Tierra sean hoy menores que hace cuarenta años.

Ante la pregunta: ¿Por qué no somos felices? Podemos también preguntarnos (como hace la psicología positiva): ¿Qué hacen aquellos que sí son felices?

Recibimos tanta información por minuto que es imposible estar a la última. Y esto es también motivo de estrés. Si conseguimos manejar esa parte de querer leer sobre todo y nos concentramos en estudiar o leer sobre lo que nos interesa —en este caso sobre la felicidad— comprenderemos algo importante: la información sin transformación no sirve de mucho.

Todos hemos leído muchos libros, hemos acudido a infinidad de cursos, hemos seguido terapias personalizadas, etc. Es decir, hemos buscado, pero eso no es suficiente. Y la prueba es que después de tantos cursos y tantos libros, no hemos conseguido llegar a ser felices.

Hemos de convertirnos en la información válida para nosotros, hemos de integrar todo lo que hemos leído —y nos ha parecido conveniente— para poder experimentar un verdadero cambio en nosotros que nos ayude a ser más felices.

Este cambio que queremos llevar a cabo necesita nuestra atención y nuestra intención. Y dependiendo del porcentaje de atención e intención que le dediquemos podremos ver diferentes resultados. Todos sabemos que esto se aplica al deporte, a aprender a tocar un instrumento, un idioma, etc. ¡Ninguno de nosotros pretenderíamos ser Rafa Nadal jugando al tenis o Grigory Sokolov tocando el piano practicando únicamente diez minutos al día!

Es el llamado «doble rasero» con el que pensamos en la felicidad; sabemos que para incorporar en nuestra vida cualquier cosa valiosa es necesaria una gran cantidad de empeño, dedicación y voluntad; sin embargo, al hablar de felicidad (o de paz interior) nos sorprendemos de no ser felices un porcentaje elevado de nuestro tiempo, sin haberle dedicado ni cinco minutos diarios. Eso no lo pretendemos para un deporte, un idioma, un instrumento, un máster o cualquier otro aprendizaje que queramos iniciar. Una vez que comprendemos esto, podemos dar un paso más hacia nuestro objetivo.

Por ello, antes de nada, hemos de establecer muestra meta. ¿Qué quiero conseguir? ¿Sé quién soy? ¿Me gusta ser así? ¿Para qué estoy aquí? ¿A dónde voy? Son algunas de las preguntas que inician el camino hacia la felicidad y que, como veremos, pasa por la consciencia.

Si nos centramos en la pregunta: ¿Para qué estoy aquí?, cada uno de nosotros podría responderla de una forma diferente.

¿Cuántas veces nos hemos hecho esta pregunta? Perder de vista esta cuestión nos lleva a veces a tener una vida quizás menos plena de lo que podría ser.

Esta pregunta ya ha sido respondida por Aristóteles: «La felicidad es la finalidad de la vida, el objetivo de la existencia humana».

El Dalai Lama también cita: «La finalidad de nuestra vida es ser felices».

Una vez que nuestra felicidad sea estable, y en un porcentaje suficiente, podremos compartirla con aquellas personas (y animales) que nos rodean sin que disminuya un ápice la nuestra. Ya lo decía Buda: «Una vela puede encender mil velas sin que su vida se vea disminuida».

Dado que vamos a hablar de la felicidad, hay una pregunta que es absolutamente necesaria y que tiene tantas respuestas como seres humanos probablemente: ¿Qué es la felicidad? La definición que facilita la psicología positiva es: «la felicidad es el bienestar subjetivo de una persona, es decir, cómo y qué siente acerca de su vida y sus estados de ánimo».

Hay tantas definiciones de felicidad como personas en el mundo, porque depende de muchas variantes.

La felicidad para Hellen Keller consistía en sentirse completo (*wholeness*).

Tal Ben-Shahar, la persona que comenzó a hablar de felicidad en la universidad de Harvard ya en 2002 dice algo semejante. Él habla de *wholebeing* y dice que la felicidad es la experiencia de sentirse completo en varios ámbitos. Ben-Shahar ha acuñado el acrónimo *SPIRE* para incluir: el bienestar espiritual (*Spiritual wellbeing*), físico (*Physical wellbeing*), intelectual (*Intellectual wellbeing*), relacional (*Relational wellbeing*) y emocional (*Emotional wellbeing*). La finalidad es conseguir alcanzar nuestro mejor ser a través del desarrollo de estos cinco ámbitos.

Continuando con el camino que hemos iniciado, ahora surge otra pregunta: ¿Por qué queremos ser felices?

Una posible respuesta es que ese anhelo está en nuestra naturaleza. Todos sabemos que el éxito, la riqueza, el prestigio profesional, la fama, etc., colaboran a que nos sintamos más felices, aunque de una forma poco duradera.

Si queremos invertir en poder alcanzar cotas de felicidad estables, lo mejor que podemos hacer es trabajar dentro de nosotros. Benjamin Franklin decía que «invertir en conocimiento genera siempre los mejores intereses». Quizás ha llegado el momento de invertir en nosotros como personas. Esa decisión sólo puede ser tomada de forma individual.

Planteémonos ahora la siguiente pregunta: ¿Por qué se da más valor en las empresas (u otras organizaciones) a una formación técnica que a una formación dirigida a la persona cuando vemos una pésima gestión del tiempo y del estrés, una pésima forma de trabajar la resolución de conflictos dentro de los equipos que tienen como consecuencia la pérdida de tiempo, dinero y talento, entre otros muchos ejemplos que podríamos señalar?

Ya en Davos en 2019, Ginny Rometty, entonces CEO de IBM planteó que hemos de cambiar la forma de seleccionar a los ejecutivos. Actualmente la parte que tiene más prioridad en los *curricula vitae* es la formación y el conocimiento; y claro que es necesario, pero hemos entrado en un momento de la historia en el que se plantea la gran importancia de que esas personas que contratemos tengan suficientes herramientas para enfrentarse a problemas y a situaciones difíciles, y esas herramientas pueden incluso estar por encima del conocimiento *per se*; es decir, las —mal llamadas— herramientas «blandas» por encima de los títulos universitarios (*set of soft skills vs. college degrees*). Y esto no sólo se aplica a los ejecutivos, sino a todos los seres humanos.

Ha llegado la hora de buscar las herramientas que nos ayuden a gestionar las dificultades propias —que surgen cada día a nuestro alrededor— de una forma que nos proporcione tranquilidad y que nos sea útil, y no sólo cuando estemos trabajando, sino que podamos aplicarlo a todos los ámbitos de nuestra vida hasta el final. La construcción de «nuestra mejor versión» es un proyecto que sólo terminará en la Tierra cuando muramos.

Por ejemplo, es importante pensar cómo nos gustaría gestionar nuestra vida cuando nos retiremos laboralmente. Somos personas con un proyecto personal que terminará únicamente cuando nuestro corazón deje de latir. Y esto va dirigido a todos los seres humanos, a todos sin excepción: estudiantes, ejecutivos, médicos, jardineros o mecánicos. Ahora, más que nunca, la persona ha de estar en el centro.

Ha llegado el momento de que seamos conscientes de cómo vivimos todo lo que está sucediendo en nuestro planeta. Veamos uno de los datos preocupantes ofrecidos por la OMS: la cifra de personas que sufren ansiedad ha pasado de 460 millones en 1990 a 650 millones en 2013. ¡Un incremento del 50%!

¡El estrés hace estragos entre las mejores cabezas y la depresión es un serio problema en todo el planeta! Además, hay un suicidio cada cuarenta segundos en la Tierra de acuerdo con los últimos datos. Y aún no tenemos las cifras durante y después de la pandemia de 2020-21, que ha sacado a la luz muchas de las deficiencias que sufrimos los seres humanos. Hemos pasado demasiado tiempo invirtiendo en el tener y poco en el ser.

Todos necesitamos crear nuestro propio proyecto de vida y llevarlo a cabo de una forma que nos permita ser más felices y nos ayude a no vivir angustiados.

Veamos algunos de los datos de un estudio realizado en 2019 en USA:
- el 46% de las personas se sienten solas o dejadas de lado;
- el 43% de las personas creen que sus relaciones carecen de sentido;
- la generación Z (18-22) es la generación que más sola se siente y que dice tener peor salud que otras generaciones anteriores.

Einstein dijo: «La mente intuitiva es un regalo y la mente racional es un servidor. Hemos creado una sociedad que honra al servidor y se ha olvidado del regalo». ¡Escuchemos a Einstein y empecemos a utilizar la mente intuitiva!

Si miramos hacia atrás, veremos que desde que empezamos nuestra vida hemos entrado en un conjunto de actividades que podemos llamar de alguna forma «la rueda del hámster»: a partir de una cierta edad vamos al colegio porque hay que sacar buenas notas y asegurar el futuro. Pasan los años (educación primaria, secundaria, universitaria, posgrado, empresa, etc.) y nadie nos dijo que podíamos ser felices en el colegio o que estudiar podía ser divertido. Entramos en la necesidad de acumular títulos para demostrar que somos «buenos» en algo y «dignos» o «merecedores» de un trabajo y de un prestigio que afirme quiénes somos.

Aprendemos desde pequeños que la recompensa vendrá en el futuro: cuando terminemos nuestra formación, cuando nos hagan socios del despacho, cuando nos convirtamos en el primer violín de una orquesta o en directores generales de una empresa, etc., y nadie nos dijo que podríamos disfrutar del camino.

Y lo peor es que cuando creemos haber llegado o alcanzado algo que anhelábamos —y por lo que hemos trabajado miles y miles de horas— nos entra el miedo de que esa situación pueda desaparecer, el miedo de perder lo que hemos conseguido con tanto esfuerzo, con lo que «la felicidad» de haberlo alcanzado dura poco y empezamos a ver amenazas por todos sitios (ese violinista nuevo que ha entrado en la orquesta, ese director de compras nuevo, ese jefe recién llegado, etc.).

Todos podemos recordar momentos en que hayamos vivido así; podemos parar y preguntarnos por qué hacemos lo que estamos haciendo y el precio que estamos pagando o el que ya hemos pagado por ello.

Muchas veces no somos conscientes de ese precio hasta que algo desde fuera (un infarto, un divorcio, un problema con nuestro hijo/a, un despido, la muerte de alguien cercano, etc.) nos ayuda a parar y mirar. Valentín Fuster, eminente cardiólogo español, dice que gracias al infarto cambian muchas vidas, dado que no nos paramos antes de que suceda.

La mayoría de nosotros, en este momento de nuestras vidas, ha hecho todo lo que se supone que tenía que hacer para ser feliz y, sin embargo, no lo somos en cada momento.

Y no me refiero a que no nos alegremos de una victoria de nuestro equipo, del éxito de la orquesta en la que estamos, de las buenas calificaciones en el colegio o en la universidad de nuestros hijos, de una mirada de complicidad de nuestra pareja, de los buenos resultados en la empresa o en una prueba médica por la que hemos pasado; me refiero a SER FELICES, con mayúsculas.

La siguiente pregunta es: ¿A qué estamos esperando?

Antes de continuar me gustaría recordar que una de las razones por las que quizás somos menos felices de lo que podríamos ser es porque invertimos en algunos conceptos que no nos llevan a la felicidad: invertimos en tener, en lugar de en ser; en bienestar en lugar de invertir directamente en felicidad; o invertimos en cariño, en lugar de en amor incondicional.

Veamos entonces de una forma más específica la diferencia entre cada uno de ellos.

Ser *versus* tener

Todos sabemos que llenar la cuenta del tener (adquirir propiedades, subir en nuestra carrera profesional, etc.) nada tiene que ver con llenar la del ser (construirnos por dentro subiendo nuestro nivel de consciencia). Sabemos que nada tiene que ver un ascenso profesional, una casa nueva, un coche nuevo, un traje de alta costura, etc. —que son situaciones que nos proporcionan un bienestar material y emocional temporales—, con la verdadera felicidad, que está más allá de todas esas situaciones y que vamos a intentar encontrar.

Por ello, no debemos sorprendernos si descubrimos que estamos llenando demasiado la cuenta del tener y nos damos cuenta de que hemos descuidado la del ser. Lo llevamos haciendo toda nuestra vida.

Quizás no nos hayamos dado cuenta hasta ahora de que lo que nos sujeta ante las adversidades es lo que hayamos construido en la cuenta del ser.

¿Cuántas horas al día dedicamos a la cuenta del tener y cuántas a la cuenta del ser?

Felicidad *versus* bienestar

Como luego veremos, para dar el salto que dieron los marinos que pasaron por encima del *Non Plus Ultra* embarcándose para ir más allá cuando todos creían que la Tierra era plana es necesario «estar harto de estar harto» y saber que «satisfacer» los sentidos no nos proporciona la felicidad verdadera, esa felicidad que colma el corazón y se mantiene incluso en las dificultades: algo deseable por todos nosotros y que nada tiene que ver con un rutinario bienestar, que evidentemente posee su valor y hemos de procurarlo también, sin perder de vista que nuestro puerto es la felicidad. Al principio, todos creemos que la felicidad es un destino al que llegaremos y, a medida que vamos haciendo el camino, nos damos cuenta de que se asemeja a los delfines que acompañan a los barcos... La felicidad va a ir estando a nuestro lado durante el viaje.

Amor incondicional *versus* cariño

El amor del que hablamos aquí es incondicional, es una comprensión; el amor incondicional no es un sentimiento que varía dependiendo de lo que el otro haga o deje de hacer, diga o deje de decir.

El cariño siempre lleva el adjetivo posesivo «mi» delante (mi esposo, mi hijo, mi equipo de fútbol, etc.), es variable y depende del comportamiento del otro; el amor incondicional no se circunscribe a nuestro círculo más cercano, no es variable, ni depende del comportamiento del otro.

Una infidelidad de nuestra pareja o la falta de lealtad de nuestro socio en el negocio pueden vivirse de forma diferente si nosotros amamos incondicionalmente o si lo que hay en nosotros es cariño.

Hay un miedo a vivir de una forma diferente de la que conocemos, pero llega un día en la vida de todos que nos decimos: ¿Y ahora qué?

Ese día nos damos cuenta de que no sólo puede desaparecer la empresa por la que tanto nos preocupamos o el trabajo que tengamos, sino que también se puede quebrar nuestra vida.

La frase de Gandhi: «Sé tú el cambio que quieres ver en el mundo» también apoya este camino que estamos empezando. Más adelante veremos más en profundidad el valor de esta frase.

Paso II
De los mitos frecuentes
sobre la felicidad

El segundo paso de nuestro camino, en el que aún no tenemos claro lo que puede ser nuestra felicidad consiste en saber lo que no es felicidad.

Veamos ahora una serie de mitos o errores que una gran parte de los seres humanos damos por hecho sobre la felicidad y que no nos ayudan a ir en la dirección que deseamos.

1. **Pensar que tener un buen trabajo, una pareja, dinero en abundancia, posibilidad de comprar cosas fantásticas, ascensos profesionales, etc., nos hará felices**

Ya está probado que no es así. Se han hecho estudios sobre los distintos puntos. Veamos:

- Con respecto a la pareja, la felicidad medida después del segundo año de matrimonio es igual que antes de casarse. Nosotros pretendemos que nos hagan felices, pero nadie nos hace felices. Nosotros somos felices y después podemos, o no, compartir esa felicidad.

- Con respecto a un ascenso profesional, pasado un cierto tiempo, quien es ascendido vuelve a su grado anterior de felicidad.
- Con respecto al dinero, en USA el sueldo a partir del cual el dinero ya no es causa de felicidad es de 75 000 dólares[2]. Esta cifra ha de adecuarse a cada país, dependiendo de su desarrollo.

2. Pensar que la felicidad depende completamente de la genética

- El 30% (o el 40% según los autores) depende de los genes;
- El 10% depende de las circunstancias;
- El 60% (o el 50% según los autores) depende de nosotros.

Estas cifras nos sacan del error de creer que dependemos de nuestros genes para ser felices. Además, esas cifras varían para cada persona. Sí es cierto que el temperamento viene determinado por la genética y que el carácter se forma a partir de este y de las experiencias del entorno.

Ya sabemos los cuatro tipos de temperamento que existen: sanguíneo (personas cálidas, comunicativas, que toman decisiones basadas en los sentimientos, compasivas, inestables), melancólico (personas perfeccionistas, muy sensibles, que se enamoran seriamente, disciplinadas, susceptibles, críticas), flemático (personas introvertidas, calculadoras, serias, confiables, indecisas, ansiosas) y colérico (personas independientes, dominantes, manipuladoras, voluntariosas, visionarias, irascibles).

Hacer un análisis de cuál es nuestro temperamento podrá

---

2   Estudio de Daniel Kahneman & Angus Deaton. Univ. Princeton. 2010

ayudarnos a comprendernos más a nosotros mismos y a estar preparados para ciertas reacciones ante determinados acontecimientos.

Una vez que conocemos nuestro temperamento, podremos trabajar en nuestro carácter, que sí es moldeable.

3. Pensar únicamente en modo expectativa

Nos preguntamos: ¿Por qué las expectativas son tan poco beneficiosas? Porque nuestra mente no piensa en términos de absolutos, sino que juzga con puntos de referencia.

Martin Seligman —padre de la filosofía positiva y escritor estadounidense— habla de que el ser humano es un «animal de futuro» y por ello es inevitable tener expectativas. Lo importante es que seamos conscientes de ello.

En un conocido estudio realizado sobre los sentimientos de los deportistas olímpicos en relación con las medallas, se recoge que el sentimiento del que recibe el bronce es más satisfactorio del que recibe la plata. Y la razón son las expectativas que cada uno tenía.

4. Pensar que la felicidad es para siempre

Como veremos más tarde, es necesario desechar esta idea porque la vida del ser humano está presidida por la transitoriedad. Todo pasa: los momentos agradables y los tristes también. Por ello, es importante crear en nuestro interior un núcleo que nos mantenga a flote en los momentos difíciles de nuestra vida. Y no digo momentos malos, sino difíciles; estos serán los que nos forjen, los que muestren lo que hay en nuestro interior, como cuando hacemos zumo de limón. ¿Qué va a salir de nosotros cuando la vida nos «estruje»? Lo que haya en nuestro interior.

5. Pensar que seremos felices sin hacer nada al respecto

Todos sabemos cuánto cuesta llegar a tener una vida profesional satisfactoria, llegar a dominar un deporte o un instrumento musical. Sin embargo, creemos que algo como la felicidad llegará a nuestras vidas sin mover un dedo. Al principio empezaremos a adquirir bienes o experiencias que vayan de afuera a adentro creyendo que así seremos felices, pero no tenemos más que comprobarlo por nosotros mismos o ver la gran cantidad de millonarios infelices. Como veremos después, aplicamos un doble rasero para la felicidad (*double standard*): todo requiere trabajo y esfuerzo y a la felicidad la sacamos —nadie sabe aún por qué— de esta forma de pensar.

Paso III
Del éxito verdadero

El tercer paso en este camino hacia la felicidad revisa lo que nosotros consideramos como éxito.

La sociedad —y todos nosotros— hemos considerado hasta ahora como éxito el ganar mucho dinero, hacernos famosos o formar parte de una élite social altamente considerada.

La pregunta no es si todo esto no es agradable, ¡que lo es!, sino si vivir consiste únicamente en tener cada vez más o si hay algo más relevante que se nos escapa, porque todos sabemos que la acumulación de bienes o de situaciones agradables no es el verdadero éxito de nuestra vida. Y la prueba la tenemos en la cantidad de suicidios y de depresiones entre las estrellas cinematográficas o los multimillonarios. Todos sabemos que conseguir algún bien material nos hace felices durante un tiempo, pero eso se termina (y cuanto más tenemos, antes se termina) y pasamos a querer algo diferente, más grande y mejor. Somos insaciables.

El éxito real en nuestra vida, para mí, es poder mantener nuestra felicidad o nuestra paz interior, pase lo que pase, y no depender de lo que suceda fuera.

El éxito nunca va a venir de la tecnología, como hemos comprobado. Somos la generación con mayor desarrollo tecnológico desde que el hombre puebla el planeta y la generación con mayores índices de depresión de la historia. Ahora, más que nunca, hemos de volver a buscar al ser humano.

Ya decía Sócrates: «Una vida sin examen no merece la pena ser vivida». Hoy podríamos reemplazar la palabra examen por la palabra consciencia.

Y a todo esto es necesario añadirle la transitoriedad, algo inherente al ser humano, desde que nacemos hasta que morimos. Por mucho que nosotros nos empeñemos en hacer de cada situación agradable algo permanente en nuestra vida, nada permanece. El hacernos conscientes de esta idea nos permitirá dar un paso más en este camino que hemos emprendido.

Paso IV
Del estrés y del cambio

El cuarto paso es ser conscientes de cómo nos afecta el estrés en nuestra vida y su influencia en nuestra felicidad (o infelicidad) y lo importante que es abrazar el cambio y no huir de él.

El estrés, que es algo necesario para sobrevivir si nuestra vida está amenazada, es algo más peligroso de lo que todos hemos considerado cuando permanece alto durante más tiempo de lo necesario para cumplir su función.

Los estudios de Yerkes y Dodson de la Universidad de Harvard demuestran que cuando el nivel de presión en una persona es muy alto y no sabe cómo gestionarlo, cae inmediatamente su nivel de rendimiento, además de caer su sistema inmunológico.

Esto nos deja claro que el *hiperestrés* en el que vivimos no es «rentable» para las empresas, ni para las personas víctimas de ese *distrés* (como también se conoce a ese tipo de estrés).

Eso sí, somos sus víctimas casi siempre por voluntad propia, por seguir patrones aprendidos y por no saber gestionar la situación de una forma beneficiosa para nosotros. Es necesario saber, como veremos más tarde, que cuando actuamos lo estamos haciendo lo mejor que podemos, a pesar de que quizás no sea la mejor forma para nosotros.

En el artículo escrito por Teresa Amabile[3]: «Creatividad cuando te apuntan con una pistola», se destierra la idea de que la creatividad se dispara bajo presión, a pesar de que a muchos ejecutivos y directivos se nos ha hecho creer lo contrario durante años.

Matamos la creatividad cuando pasamos del eustrés (positivo) al distrés (negativo). Nuestra misión cuando estamos estresados es poder salir de la zona de distrés, pasar a la zona de recuperación del *burn-out* para llegar después a la zona de excelencia.

Un buen líder sabe cuándo parar o hacer parar a alguien de su equipo y aumentar los períodos de recuperación. Es muy importante recuperarnos del estrés, porque es lo que nos va a permitir continuar. Hemos de tener muy en cuenta que la recuperación sea la suficiente para poder continuar. Somos seres tan maravillosos que nuestro cuerpo y nuestro cerebro van más allá de lo que sería conveniente, los llevamos al límite y aguantan años dándonos pequeños avisos, pero llega un día en que nos quemamos (*burn-out*). Curiosamente, cuanto más fuertes somos, peor; porque aguantamos más y cuando nos quebramos, a veces es demasiado tarde.

William James dice: «La mejor forma de luchar contra el estrés es nuestra habilidad de elegir un pensamiento, en lugar de otro». Esto siempre ha sido posible, pero ahora que conocemos la neuroplasticidad del cerebro —una de las mejores noticias de los últimos tiempos— podemos comprenderlo mejor.

Vivimos en una época en la que la seguridad ha desaparecido

---

3 *Creativity under a gun*, Harvard Business Review C.N. and Kramer, S. J. 2002

porque nuestro mundo es volátil, ambiguo y complejo. Hace unos años la vida del ser humano estaba sometida a menos cambios que la actual, pero el cambio ha venido para quedarse. Quizás ha llegado el momento de buscar en otra dirección para poder ver una forma de vivir diferente, aunque hemos de tener en cuenta que una cosa es entender intelectualmente la necesidad de cambiar y otra muy distinta es sentirnos cómodos e ilusionados con dicho cambio.

Muchas veces es necesario tocar fondo —y no una vez, sino varias— para estar dispuestos o preparados para ese cambio. Es decir, podemos desear un cambio, pero no estar aún preparados para ello.

Muchas personas que han sido reconocidas por el mundo nos han mostrado que sus vidas cambiaron cuando se relacionaron con sus fracasos, frustraciones e injusticias, no desde el rechazo, la amargura o la violencia, sino desde la curiosidad, la observación y la compasión. Así encontraron un camino para crecer y pudieron contribuir a mejorar el mundo (Nelson Mandela, M. Gandhi, Martin Luther King, Madre Teresa, Vicente Ferrer, etc.).

El cambio que aparece fuera es algo que no podemos desaparecer, pero lo que podemos cambiar es cómo gestionar nuestro interior y cómo enfrentarnos a todo lo que surge en nuestras vidas. Como dice Maslow: «Lo necesario para cambiar a una persona es cambiar la percepción que tiene de sí misma» porque, de esa forma, podrá obtener mayores beneficios para su propia vida y esto se traducirá a su vez en beneficios para toda persona que la rodee.

Paso V
De la idea de la consciencia

El quinto paso tiene que ver con entender la relación que existe entre la consciencia y la felicidad.

Si analizamos el porqué de la mayor parte de las decisiones que tomamos cada día es porque creemos que nos harán más felices. Estamos totalmente convencidos de ello, y eso va desde una inversión en una casa, a tener una pareja, a tener —o no— hijos, a viajar, a cambiar de trabajo, etc.

Hasta ahora nos han contado que seremos felices cuando todo lo de afuera esté como nosotros deseamos, pero nosotros ya sabemos que eso no suele suceder. Y llega un momento en que decidimos buscar una forma diferente de vivir para ser felices.

Decidimos buscar la felicidad, y curiosamente no es la felicidad lo que hemos de buscar sino la consciencia.

¿Y cómo podemos definir consciencia? Como el conocimiento inmediato que el sujeto tiene de sí mismo, de sus actos y reflexiones.

¿Y por qué buscar la consciencia? Porque tal y como sea nuestro nivel de consciencia será nuestro nivel de felicidad.

Antes de continuar me gustaría aclarar que la palabra consciencia en español tiene el mismo significado que conciencia.

En este libro se usa consciencia porque la palabra conciencia tiene ciertas connotaciones morales (tener buena o mala conciencia) que no son aplicables aquí.

En inglés la palabra consciencia tiene varios significados:

- *consciousness* (*citta* en sánscrito), compuesto de mente, inteligencia y ego, que es lo que nosotros llamamos consciencia;
- *conscience* (*antahkarana* en sánscrito), órgano de virtud, que es lo que nosotros llamamos conciencia;
- *awareness*, lo que nosotros llamamos percepción consciente.

Como hemos visto, ir sólo hacia fuera para encontrar la felicidad no es la solución. Pensemos entonces en ir hacia adentro. Quizás lo veamos más claro con un ejemplo. Imaginemos que llegan a nosotros cien millones de euros. Lo más inteligente por nuestra parte sería contratar a un experto financiero para gestionar ese dinero y no entregárselo a cualquiera que pasara por la calle, ¿no?

Imaginemos ahora, siguiendo el mismo ejemplo, que nos pusiéramos gravemente enfermos. Acudiríamos al mejor especialista médico para que nos ayudara, y no pondríamos nuestra vida en manos de cualquiera. Estamos de acuerdo con esto, ¿verdad?

Y ¿por qué haríamos algo así en ambos casos?

Porque tanto el dinero como la salud son activos importantes para nosotros y no vamos a dejarlos en manos de personas que no tengan el conocimiento suficiente.

Y ¿a qué colaboran el dinero y la salud en nuestras vidas en un determinado porcentaje? A nuestra felicidad.

Esto nos lleva a la conclusión de que nuestra felicidad es un activo aún más importante en nuestras vidas que el dinero y la salud.

Y —continuando con este razonamiento— si no dejaríamos nuestro dinero o nuestra salud en manos de cualquiera, la gran pregunta ahora es:

¿Por qué —desde hace miles de años— permitimos que nuestra felicidad y nuestra paz interior dependan de sucesos sobre los cuales no tenemos ningún control o de lo que haga, diga, deje de hacer o de decir cualquier persona a nuestro alrededor?

¿No sería mejor que algo tan importante dependiera de nosotros? Sabemos que nunca vamos a controlar la forma de actuar de los demás, ni los sucesos externos. Por ello, será mucho mejor incrementar nuestro nivel de consciencia para ir aumentando progresivamente nuestra paz interior y nuestra felicidad, sin depender del exterior.

Todos estamos a tiempo de aumentar nuestro nivel de consciencia, independientemente de la situación de vida en la que nos encontremos o de nuestra edad. Siempre podemos ir progresando, el final es el día que nuestro corazón deje de latir en este Planeta, y siempre que lo vayamos aplicando recogeremos los frutos de esa acción continuada a lo largo de nuestra vida.

Paso VI
De los niveles de consciencia

El sexto paso pasará por conocer los distintos niveles de consciencia que podemos encontrar a nuestro alrededor.

Los niveles de consciencia se podrían definir como campos de energía con un determinado «campo de atracción» que determinan nuestra vida.

De acuerdo con David R. Hawkins hay varios niveles de evolución. Cada nivel puede subdividirse tanto como queramos. En este caso creo que podría sernos más útil para comprender si hablamos de cuatro niveles de consciencia, aunque el primero parece ser que ya no se da en la Tierra.

- El NIVEL 1, que ya no existe en la Tierra, se caracteriza por ser un nivel de violencia suprema.
- El NIVEL 2 tiene como intención únicamente el obtener sexo, poder, relaciones, dinero, etc. sin respetar ninguna regla para llenar el vacío interior. Se caracteriza por ser un nivel en el que los conflictos se resuelven mediante la violencia física, verbal y mental, los sistemas de gobiernos son dictatoriales y no se produce tecnología. Parece ser que aquí está alrededor del 25% de la Humanidad.

- El NIVEL 3 sigue teniendo como intención obtener, pero se respetan ciertas reglas y ya se realiza algo de servicio. Se caracteriza porque los conflictos se resuelven mediante violencia verbal/mental, los sistemas de gobierno son democráticos (aunque sigue habiendo violencia porque es el gobierno de la mayoría sobre la minoría) y sí se produce tecnología. Parece ser que aquí está alrededor del 70% de la Humanidad.
- El NIVEL 4 tiene como intención el servir. Se caracteriza porque no hay conflictos a resolver, porque no hay violencia de ningún tipo, los sistemas de gobierno son por consenso y se generaría tecnología si se deseara. Parece ser que aquí está alrededor del 5% de la Humanidad.

Dependiendo de nuestro nivel de consciencia nos sentiremos más a gusto con personas de un nivel semejante o superior, porque las personas más evolucionadas tienen y emiten algo que todos reconocemos fácilmente: no nos sentimos juzgados cuando estamos con ellas, sino aceptados, nos aceptan como somos; son personas que siempre están dispuestas a ayudarnos sin preguntar nada; son personas que no se ofenden por las actitudes de los demás hacia ellas; etc.

Sin embargo, las personas cuyo nivel de consciencia es más bajo son aún demasiado víctimas de su propio ego, son rehenes de las necesidades del ego en un porcentaje alto: necesidad de control/seguridad y necesidad de ser amado, aceptado, admirado y respetado. No olvidemos nunca que todos vamos a tener una parte de necesidad hasta que podamos ir liberándonos en el camino. Esto lo veremos de forma más amplia en el Paso XI.

Todos estamos en un camino de crecimiento cuya recompensa es experimentar menor sufrimiento y mayor comprensión. Ahí radica la ventaja de entrar en un camino de crecimiento personal, espiritual o como cada uno deseemos llamar a este proceso.

Si queremos saber cómo va nuestro crecimiento personal tan sólo hemos de preguntarnos cómo es nuestra vida, cuántas cosas o situaciones nos alteran y en qué porcentaje nos altera cada una de ellas. Al ir trabajando dentro de nosotros nos daremos cuenta de que lo que antes nos alteraba un 90% ahora tan sólo nos altera un 70% y, al ir progresando, veremos cómo disminuye nuestro sufrimiento y somos cada día un poco más dueños de lo que nos afecta y de cuánto nos afecta.

El comprender los niveles de consciencia no significa que podamos convivir con cualquier persona de cualquier nivel. Por ejemplo, si una persona no da importancia a la mentira, es violenta verbalmente, necesita ser reafirmada continuamente por su carencia de autoestima y tiene un elevado deseo de control de la vida de los otros, sólo podrá convivir con alguien semejante. Evidentemente, es más agradable recorrer la vida junto a alguien que es leal, sincero, alegre, decidido, servicial, humilde, etc. y veremos cómo al ir haciendo camino poco a poco y al ir adquiriendo esas características iremos encontrando personas semejantes que también están en este camino de crecimiento. Ya decía Rumi: «Es el vínculo interior el que atrae una persona a otra, no las palabras».

Paso VII
De cómo aumentar nuestro nivel de consciencia para poder ser más felices

El paso séptimo consiste en aprender a subir nuestro nivel de consciencia.

La respuesta a esta pregunta no es consiguiendo cada vez más cosas fuera, sino trabajando hacia dentro.

Añadir consciencia a nuestra vida requiere incluir en nuestro día a día algunos pequeños cambios que nos traerán mucho de vuelta y querría compartir con vosotros algunas ideas concretas que a mí me cambiaron la vida.

Está claro que tener una alimentación adecuada, dormir mejor, hacer deporte, hacer una lista de gratitud, escribir cosas que nos hagan felices, gastar dinero en experiencias y no en cosas, tener menos redes sociales y más conexiones reales, practicar meditación o *mindfulness* son actividades que nos van a ayudar, pero el verdadero cambio es el cambio de pensamiento. Todo lo anterior tendrá mucho más efecto cuando lo añadamos al cambio de pensamiento.

Antes de continuar, antes de iniciar un cambio en nuestra vida que sea permanente, en contraposición a un cambio que dura dos días y desaparece, podríamos decir que hay dos condiciones previas:

a) Es necesario haber alcanzado un nivel de sufrimiento suficiente como para preguntarnos si no hay otra forma de vivir.

Hay personas que necesitan seguir sufriendo hasta alcanzar su punto de saturación. Cambiamos cuando nuestro nivel de sufrimiento o de insatisfacción es superior a nuestro miedo al cambio. Todos hemos sufrido en nuestra vida y, sin embargo, no tomamos la decisión de introducir un cambio de pensamiento hasta que tocamos fondo, pero de verdad. Hay veces en que es necesario tocar varias veces fondo hasta que tomamos la decisión definitiva.

b) Es necesario estar decididos a no dejar nuestro activo más importante —nuestra felicidad— en manos de cualquier persona o suceso fuera de nosotros.

Pensemos: ¿Qué importancia tiene la aprobación o desaprobación de alguien para ser quienes somos en verdad? Todos esos pensamientos que permitimos que permanezcan en nuestra mente son causa de infelicidad y de sufrimiento. Al recorrer este camino hacia la felicidad no hemos de perder de vista que el único propósito de la existencia del sufrimiento es la evolución de la consciencia y la disolución del ego.

Una vez que superamos las dos condiciones previas, estamos preparados para iniciar nuestro camino en la evolución de la consciencia. Todo lo que vas a encontrar en las próximas páginas a partir de este momento serán ideas que van en esa dirección.

Paso VIII
De la aceptación y la oportunidad

El paso octavo consiste en la revisión que tenemos cada uno del concepto de lo que llamamos desgracia, desastre o cualquiera de los sinónimos para definir algo que llega a nuestra vida y que no consideramos agradable. El camino es considerarlo como una oportunidad de crecimiento que aceptamos como tal; cambiar «ese pensamiento» que se produce en nuestra mente cuando nos diagnostican una enfermedad grave, sufrimos un despido, entramos en un proceso de divorcio, sufrimos una pérdida de alguien a quien amamos, perdemos nuestra casa, etc. Ninguna de esas situaciones es agradable o fácil de aceptar. Millones de personas se han visto atrapadas, muchas veces contra su voluntad, en procesos mentales consecuencia de los acontecimientos mencionados de los que no han sabido salir. Y todos hemos pasado, en mayor o menor medida, por situaciones así.

Una de las ideas principales para subir nuestro nivel de consciencia y, como consecuencia, poder ser más felices es considerar todo lo que nos sucede, y no nos gusta, como una oportunidad y no como un problema, una maldición o un absoluto desastre en nuestra vida.

¿Qué sucedería si consideráramos cada cosa que nos sucediera y que nos pareciera negativa como una oportunidad de crecimiento para llegar a ser quienes de verdad somos, nuestra mejor versión?

¿Qué sucedería si empezáramos a cambiar nuestro lenguaje? Por ejemplo, reemplazar la frase: «Me ha sucedido algo muy malo» por «Me ha sucedido algo que me va a ayudar a ser quien soy de verdad, algo que me va a ayudar a crecer por dentro». ¿Qué sucedería si desde pequeños creciéramos con esta forma de pensar y no con la actual?

Si decidimos iniciar este cambio en nuestra mente, empezaremos con los primeros sucesos que lleguen a nuestra vida y que nos parezcan negativos (dado que con los sucesos que nos agradan no tenemos el menor problema). Y uno a uno, vamos a intentar verlos como una oportunidad de aprendizaje, en lugar de considerarlos como una desgracia o un problema.

Además, podemos pensar que, si algo así no sucediera nunca, no tendríamos la oportunidad de convertirnos en las personas que podemos llegar a ser. Desconozco por qué aprendemos y crecemos más con las dificultades que con las cosas que salen bien a la primera, pero así es. Cuando aprendemos a andar no nos levantamos de repente un día y andamos; pasamos días y días cayéndonos y levantándonos hasta que conseguimos caminar. Nadie cree que es una desgracia caerse para empezar a andar: simplemente es necesario.

Cuando no es posible considerar que todo lo que sucede es lo mejor que podría sucedernos (el holocausto nazi, etc.), podemos pensar al menos que sí podemos hacer lo mejor con lo que nos sucede, como suele decir Tal Ben-Shahar y colocamos aquí también la frase mencionada en inglés porque permite un juego de palabras que en español no se consigue (*Things do not happen always for the best, but we can make the best with what happens.)*

En cada momento vamos a tener también la oportunidad de elegir quedarnos en el sufrimiento de lo que nos ha sucedido (y no nos gusta) o salir adelante aplicando la comprensión de todo lo que venimos hablando hasta ahora. Es una decisión a tomar en cada momento y es una decisión únicamente nuestra, no es transferible. Y si decidimos transferirla a otro y culparlo, tan sólo estaremos retrasando nuestra felicidad.

Todos sabemos que frente a algo que ya ha sucedido no hay modificación en principio posible. Es decir, si nos han diagnosticado una enfermedad, podemos iniciar un proceso de cura, pero el diagnóstico está ahí; si alguien a quien amamos muere, eso es algo que no podemos cambiar; si perdemos un avión, perdemos un avión. Lo sucedido está ahí y no se puede cambiar, pero nuestro interior y cómo reaccionamos a ello sí se puede modificar.

Cuando conseguimos llevar a cabo una aceptación profunda de lo que ha sucedido (y no es algo fácil al principio de este camino) pueden sucedernos una o dos cosas, o las dos:

1. Al aceptar lo sucedido, conseguimos mantener nuestra paz interior y nuestra felicidad.

2. Al aceptar lo sucedido, con el tiempo la situación, a veces, cambia sin que nosotros intervengamos.

Si interiorizamos que todo lo que sucede en nuestra vida tiene la misión de que lleguemos a ser nuestro mejor «yo», todo eso que los demás hacen y que nos molesta pertenece a la misma idea. Lo importante es lo que hacemos nosotros. Como dice W. Dyer: «Cómo te trata la gente es su karma, cómo reaccionas tú es el tuyo».

Si conseguimos ir cambiando nuestra forma de pensar, dentro de nosotros se instala una gran comprensión, al considerar que todos estamos en un camino de crecimiento y, a su vez, esta comprensión hace disminuir profundamente el sufrimiento ante todo lo que nos sucede.

Esta idea ha sido expresada por muchos autores como Epícteto, Marco Aurelio, Shakespeare, Ken Wilber, Wayne Dyer, Deepak Chopra, David R. Hawkins, etc.

El filósofo Epícteto (siglo I después de Cristo) dijo:

> «No nos afecta lo que nos sucede, sino lo que pensamos sobre lo que nos sucede».

El emperador y filósofo Marco Aurelio (siglo II después de Cristo) recogía una de las principales ideas que grandes líderes han seguido:

> «Acepta lo que venga a ti entretejido en el diseño de tu destino, porque ¿qué podría ser más adecuado a tus necesidades?» (*Meditaciones*, Libro V, apartado 8).

Shakespeare recoge esa idea cuando escribe en *Hamlet*:

> «Nada es bueno o malo, es nuestro pensamiento el que lo convierte en ello».

Actualmente, Eckhart Tolle en *El poder del ahora* propone:

> «Aceptemos todo lo que llegue a nuestra vida como si lo

hubiéramos elegido y lo primero que sucederá es que la energía que emanaremos será de una frecuencia vibratoria mucho más elevada que la energía mental que gobierna el mundo».

Charlotte Reed en *Que los pensamientos estén contigo* escribe:

«Tu alma desea crecer y por eso elige experiencias que tú llamas luchas» o «Ten fe en que los momentos duros que llegan a tu vida llegan para despertarte y ayudarte a convertirte en la persona que puedes llegar a ser».

En definitiva: si eliminamos el concepto de desgracia tal y como lo conocemos hasta ahora y lo convertimos en aprendizaje, iremos dejando espacio a la felicidad. Evidentemente, para esto es necesario ser muy conscientes de cómo reacciona nuestro cerebro ante lo que nos sucede. Hasta ahora tenemos instalada una forma automática de pensar, que podemos ir cambiando a medida que nos damos cuenta de ello.

Paso IX
Del paradigma del mal al paradigma del error

El paso noveno consiste en cambiar nuestra forma de pensar sobre la maldad y considerar el error como causa.

En el paso anterior hemos visto la primera idea planteada para aumentar nuestro nivel de consciencia y ahora vamos a ver la segunda idea. Esta idea consiste en pensar que todos nos comportamos en cada momento lo mejor que sabemos, o podemos, de acuerdo con nuestro nivel de consciencia.

El primer error que las personas cometemos es querer que todos los demás se comporten como nosotros pensamos que deberían comportarse para que nos sintamos bien. Crecemos con una idea: todo lo de afuera ha de estar como yo deseo para poder ser feliz. Eso, como sabemos, no sucede.

«Tengamos la certeza de que todos lo hacemos en cada momento lo mejor que sabemos, de acuerdo con nuestro nivel de consciencia» dice Swami Vivekananda.

Y si alguien no hace algo que consideraríamos «bueno» para nosotros es porque su consciencia —en desarrollo todavía, como la de todos nosotros— aún no ha dado el salto al nivel de ser una consciencia «despierta», pero está en el camino, como todos nosotros.

Esta idea supone un cambio de paradigma porque reemplaza la idea de la maldad por la del error. Y ante un error, lo que procede es la enseñanza, no el castigo.

Dice Tolle: «Si su pasado fuera tu pasado, si su sufrimiento fuera tu sufrimiento, si su nivel de consciencia fuera tu nivel de consciencia, pensarías y actuarías exactamente como él o ella. Esta profunda comprensión trae consigo perdón compasión y paz». Y podríamos añadir que trae también consigo una gran disminución de sufrimiento, como podremos comprobar al aplicarlo en nuestras vidas.

Cuando tomamos decisiones en nuestras vidas, las tomamos de acuerdo con las limitaciones mentales y emocionales que tenemos. Y cometemos errores en nuestras decisiones porque no tenemos suficiente información o porque la que tenemos es falsa. Como dice Eckhart Tolle: «Nadie elige la disfunción, el sufrimiento o la locura».

En la película de Buñuel *Los olvidados* se puede ver claramente cómo el pensar así evita mucho sufrimiento. El protagonista, que es un adolescente, no vuelve a la escuela tras un recado que el director le pide que haga, pero el no volver no es por su voluntad. El director quizás nunca lo sabrá, pero si piensa bien sobre ese muchacho no sufrirá y, en este caso, acertará: ese chico que él protegió y en el que confió no iba a decepcionarlo, pero las condiciones externas fueron más poderosas que la voluntad y la propia vida del muchacho. Preciosa película en la que podemos ver los niveles de consciencia y cómo el decidir pensar de una forma o de otra puede aumentar o disminuir el nivel de sufrimiento.

Es necesario comprender que, de igual forma que no sirve de nada enfadarnos con un niño de dos años porque no comprende una compleja ecuación matemática, no debemos enfadarnos cuando alguien no se comporte como nosotros suponemos que debería comportarse. Todos estamos aprendiendo y no podremos comportarnos de una determinada manera hasta que no hayamos alcanzado el nivel de consciencia adecuado para comprender.

Seamos conscientes de que existe una completa incapacidad de que alguien, que aún no ha alcanzado un nivel de desarrollo de consciencia determinado, se comporte como puede comportarse otra persona que ya haya alcanzado ese nivel. Y eso, evidentemente, se aplica también a nosotros.

Aplicar esta idea es muy importante. ¿Por qué? ¿Qué obtenemos de ella? La aplicación de esta idea incorpora una inmediata paz interior en casos de situaciones que anteriormente nos causaban un profundo sufrimiento. Otra cosa diferente es que nos hubiera gustado que las cosas y las personas fueran o se comportaran de otra forma (algo que quizás alguien podría decir de nosotros), pero eso es ya algo diferente.

Paso X
De las emociones

El paso décimo consiste en ser conscientes de que podemos aprender a gestionar nuestras emociones.

El desequilibrio emocional es algo normal en el ser humano cuando comenzamos nuestra vida. Nadie nace absolutamente equilibrado emocionalmente, ni siquiera esos elegidos y poco frecuentes seres que nacen con una gran paz interior.

A pesar de esto, todo podemos modificar este desequilibrio para dirigirnos hacia un mayor equilibrio cada día. Cuando tenía veintitrés años hice mi primer curso de control mental y lo hice porque estaba aterrorizada por dos ideas. La primera era que estaba convencida de que el día que mi padre muriera, yo tendría que recibir inmediata atención médica (calmantes) y posteriormente atención psiquiátrica. La segunda razón por la que hice el curso era porque estaba convencida de que si mi relación terminara (estaba entonces inmersa en mi primera relación sentimental), no podría superar ese sufrimiento. Como veis, no es que fuera muy feliz a pesar de mi nombre, y no era porque no anhelara ser feliz, como lo anhelamos todos los seres humanos. Hacía todo lo que se suponía que tenía que hacer para ser feliz (de acuerdo con la información que tenía), pero no lo conseguía.

Yo no lo sabía entonces, pero lo que sucedía era que mi forma de pensar (que, por otro lado, era la forma de pensar de los veinteañeros de la época) no me ayudaba en absoluto a superar mis miedos. Colocaba mi felicidad en tener buenas notas en mis estudios, en ser aceptada en mi clase por mis compañeros o en que mi novio me quisiera.

Resumiendo, yo creía que sería feliz cuando todo lo de afuera estuviera como yo quería y cuando eso no sucedía me dedicaba (como me dediqué durante los siguientes años) a hacer todos los esfuerzos necesarios para que todo lo de afuera estuviera como yo deseaba que estuviera. Me dedicaba a construir hacia afuera y no hacia adentro. Y esto continuó muchos años más.

Mi vida, a pesar de ser una buena estudiante, era un carrusel de emociones. Unos días era la mujer más feliz del mundo y quizás en el mismo día no había un ser más desgraciado en el universo que yo. La verdad es que no sabía qué hacer con mis emociones. Finalmente, el final de mi relación con mi primer novio se saldó con un accidente de moto en el que casi me mato y un gran sufrimiento posterior que me mantuvo visitando distintos psicólogos intentando comprender mi sufrimiento.

Muchos años después, en 2020, mi padre murió en cinco días a causa de COVID 19, sin poder coger su mano, ni despedirnos de él. A diferencia de lo que sucedió con mi primera ruptura, esta vez todo ese sufrimiento que yo temía a mis veintitrés años no tuvo lugar de la misma forma que yo pensaba entonces que tendría lugar.

¿Por qué? Si busco una respuesta, podría decir que todo el trabajo realizado en mi interior durante muchos años ha sido de una enorme ayuda, además de saber que mi padre me amaba profundamente. A estas dos razones he de añadir otra más, una gracia especial que siempre agradeceré a Dios y que me permite recordar a mi padre con una gran ternura, mucha alegría y agradecimiento por haberlo tenido como padre durante muchos años. La verdad es que fue una gran sorpresa para mí sentir la paz que sentía. Por primera vez estaba comprobando que el camino que estaba siguiendo me llevaba hacia una paz que no dependía de lo que sucediera afuera.

Lo que he podido comprobar es que cuando trabajamos en nuestro interior en la dirección correcta y un día llega algo muy difícil a nuestra vida, no nos hundimos. El drama ha dejado de presidir nuestra vida. Ese día nos damos cuenta de que el cambio es posible. Esto no lo digo sólo yo, Arianna Huffington en su libro *THRIVE* escribe: «La vida se construye de adentro hacia afuera, y no viceversa».

Si queremos aprender a gestionar nuestras emociones podemos hablar de la habilidad de la que habla William James para elegir un pensamiento en lugar de otro para rebajar el estrés. No es fácil de hacer al principio, porque los pensamientos surgen en nuestra mente frecuentemente espoleados por nuestras emociones; pensamientos y emociones están íntimamente ligados. Si prestamos suficiente atención podemos ir identificando los momentos en que vemos surgir una emoción dañina para nosotros, podemos parar y elegir lo que vamos a hacer con esa emoción incipiente.

Lo importante es que seamos conscientes de la fuerza de las emociones en nuestra vida. Las emociones sin control pueden arruinar nuestra vida (y las de los demás) si no sabemos qué hacer con ellas. La gran pregunta es ¿cómo gestionarlas?

Dentro de todo lo que podemos hacer con nuestras emociones, podemos elegir hacer principalmente tres cosas:

▶ **Reprimir las emociones**
Quizás esto se hacía hace muchos años, pero no es lo mejor, sobre todo para nosotros. Puede ser que los que están a nuestro alrededor vivan más felices pensando que no hay problemas, pero quien reprime una emoción sólo está poniendo en marcha una olla a presión que algún día explotará, bien hacia fuera (dando lugar a una reacción probablemente excesiva frente a los demás), bien hacia dentro (quizás desarrollando una enfermedad, física o mental).

▶ **Expresar las emociones**
Y hacerlo de cualquier forma, sin control. Podemos hacerlo, es lo habitual porque esta forma de expresión de una emoción no requiere control alguno por nuestra parte, pero deterioramos nuestras relaciones, dado que a nadie nos agrada que nos tiren una lámpara a la cabeza o que nos insulten.

▶ **Canalizar (o soltar) las emociones**
Es probablemente la mejor opción para todos, porque se añade una comprensión de lo que sucede y el resultado es la consiguiente tranquilidad en nuestra mente y nuestro corazón, además de que las personas a nuestro alrededor no se verán agredidas y lo que haremos, si es necesario y es posible, será mantener una conversación con la persona con la que tenemos una diferencia de opinión.

En caso de que no sea posible, podemos, aun así, mantener esa conversación de una forma ficticia en nuestra mente para poder soltar esa emoción, al reconocer que lo que ha sucedido es una oportunidad de cambio para nosotros y que esa persona lo ha hecho lo mejor que ha sabido con la información que tenía.

En este caso, el punto de reflexión ha de ir hacia nosotros: ¿por qué hemos elegido a una persona cuyo nivel de consciencia le permite comportarse así?, ¿qué tenemos que aprender nosotros de ello?

Aplicando las dos ideas fundamentales expresadas para subir nuestro nivel de consciencia (considerar lo que nos sucede y no nos agrada como una oportunidad de crecimiento y considerar que todos los hacemos lo que mejor que podemos en cada momento dependiendo de nuestro nivel de consciencia) podremos aprender a soltar las emociones que vayan surgiendo en nuestro interior ante los distintos acontecimientos de nuestra vida y podremos elegir qué hacer en cada momento con la emoción que surja.

Paso XI
De las necesidades del
ego que nos limitan

El paso decimoprimero nos muestra que la comprensión de las necesidades de nuestro ego es una gran ayuda para seguir adelante.

Tanto para considerar que todo lo que acontece en nuestra vida, y no nos agrada, puede ser considerado como una oportunidad de crecimiento, como para considerar que todos actuamos en cada momento lo mejor que podemos de acuerdo con nuestro nivel de consciencia, hemos de haber trabajado nuestro ego y conocer sus necesidades fundamentales. Si nos preguntamos el porqué, puedo decir que todas las decisiones que tomamos en nuestra vida están dirigidas, entre otras cosas, por nuestras necesidades del ego. Y cuanto más libres seamos, mucho mejor para nuestra felicidad.

Podemos decir que el ego, entre otras, tiene dos necesidades principales:

A. Necesidad de tener el control (de nuestras vidas y de las ajenas) y de estar seguros

Esta necesidad implica que necesitamos que todo lo de afuera esté como nos gusta. Necesitamos controlar nuestra seguridad física y la de aquellos que nos importan, en principio de los que «queremos», porque aquí no hemos entrado todavía en el amor incondicional a todos los seres del Universo y nos centramos en aquellos a quienes tenemos cariño.

Ya sabemos que el cambio produce angustia en el ser humano, pero hemos de comprender que el cambio es inherente a la vida y que querer controlar todo lo de afuera es imposible. Si no lo creemos todavía, lo iremos comprobando a medida que transcurra nuestra vida.

B. Necesidad de ser aceptados, admirados, amados y respetados por los demás

Esta necesidad tiene como consecuencia que los otros marcan nuestra existencia. Por supuesto que siempre vamos a tener una cierta necesidad de aceptación, pero no es lo mismo que esa necesidad sea de un 10 % a que sea de un 90 %, como sucede por distintas razones en muchos casos. Para ir conquistando esta necesidad de nuestro ego hemos de ir llenándonos por dentro y comprender cómo funcionan los niveles de consciencia para dejar de sufrir en porcentajes elevados e ir rebajándolos, aumentando así nuestra felicidad.

A medida que vayamos conquistando nuestro interior y no nos dejemos llevar tan fácilmente por esas necesidades de nuestro ego, que se manifiestan cada día de distintas formas en cada una de las situaciones que acontecen, aumentaremos nuestra felicidad porque decidiremos nosotros, al ser conscientes de lo que está sucediendo, cómo reaccionar de la mejor forma ante lo que sucede. Esta actitud es la más conveniente para no perder nuestra calma y ganar en paz interior. A medida que vayamos progresando nuestro porcentaje de paz interior subirá y el de sufrimiento bajará.

Paso XII
Del miedo

El paso decimosegundo arroja luz sobre nuestros miedos para que dejen de dirigir nuestra vida.

Además de las necesidades del ego que acabamos de ver, nos vemos limitados en nuestra mejor toma de decisiones, cada día y en cada momento, por cuatro miedos fundamentales que no nos ayudan a ser más felices y que nos cuesta dominar. Al ir comprendiéndolos un poco más cada día les vamos quitando fuerza.

1. Miedo a morir

El ser humano tiene miedo a la muerte porque supone la destrucción de la vida tal y como la conoce, si aún no ha ido más allá. Es lógico que nuestra propia muerte nos de miedo si aún no hemos realizado un trabajo de comprensión sobre ese momento, pero —aun en el caso de que temamos a la muerte— no ha de ser un miedo que paralice nuestra existencia. Ya dice Elisabeth Kübler-Ross: «Nuestros miedos no detienen a la muerte, sino a la vida».

En caso de que el miedo paralice nuestra existencia es necesario un trabajo de comprensión profundo que pueda ir liberándonos. Ese miedo siempre va a existir, incluso si conseguimos reducirlo a un 1%, pero, evidentemente no es lo mismo convivir con un miedo en un 1% que en un 99%.

2. Miedo a perder (objetos, nuestro puesto de trabajo, nuestro estatus social, etc.)

Si nos identificamos únicamente con el tener, como hemos visto anteriormente, sufriremos enormemente en la vida porque haremos de ese tener el 100% de nuestra vida. Es importante desarrollar nuestro ser para estar preparados, en caso de que haya pérdidas materiales o de *status* en nuestras vidas. Cuanto más desarrollemos nuestro ser, más comprenderemos la inutilidad de colocar nuestra felicidad únicamente en los objetos o en las sensaciones que nos producen dichos objetos. Esto no quiere decir que no sea agradable tener una casa, ni que no disfrutemos de ir de vacaciones o a un concierto. Lo importante es que no nos aferremos a ello.

3. Miedo a enfrentar (situaciones difíciles en nuestra vida)

Si aún no hemos realizado el cambio de comprensión en nuestro interior y no hemos comprendido que lo que nos sucede es una oportunidad de desarrollo interior, el miedo a enfrentar situaciones difíciles presidirá nuestra vida. Y la vida consiste en una sucesión diaria —y a veces por horas— de nuevas situaciones que requieren una respuesta.

Si aún no podemos llegar a ver la situación con calma y comprendiendo el aprendizaje que trae consigo, es muy útil tener referentes de modelos de personas que admiramos o de personas cercanas ecuánimes y preguntarnos cómo reaccionaría esa persona en ese caso concreto. Actuar de una forma o de otra provocará sufrimiento o no.

4. Miedo a ser abandonados (por las personas que amamos)

El miedo a perder a las personas que amamos limita nuestras decisiones, al no comprender que todo lo que nos sucede tiene un para qué y que todos lo hacemos lo mejor que podemos.

Además, la autoestima juega un papel fundamental en este punto, tanto si la otra persona nos abandona, como si muere. Cuanto más hayamos avanzado en este camino de comprensión, más herramientas tendremos para enfrentar este tipo de situaciones difíciles. Esto no significa que no haya algo de sufrimiento, sino que será mucho menor que si no hemos comprendido nada y seguimos insistiendo en que la vida tiene que ser como nosotros queremos en cada instante y que todo el mundo se comporte tal y como nosotros tenemos establecido en nuestra mente. Lo que hacen los otros corresponde a su vida, con su infancia, su educación, sus miedos y limitaciones (igual que sucede con nosotros); muchas veces no tiene tanto que ver con lo que hacemos nosotros, sino con sus propias vidas.

Lo que sucede en el cerebro cuando sufrimos cualquier tipo de miedo es que la respuesta conductual queda a cargo del sistema límbico, que trabaja con una modalidad de procesamiento inconsciente, ajeno a la voluntad y al intelecto. Además, se paralizan las funciones cognitivas, se impone un bloqueo psíquico, se inhiben los centros del lenguaje y la conducta se desorganiza, pudiendo dispararse en cualquier dirección (parálisis, huida, ataque, etc.).

Esto podría hacernos pensar que estamos atrapados. Sin embargo, la buena noticia es que la neuroplasticidad y la neurogénesis existen.

- La neuroplasticidad es la capacidad de modificar —mediante la actividad neuronal generada por una experiencia— circuitos neuronales, con el cambio subsecuente de pensamientos, sensaciones y comportamientos.
- La neurogénesis se produce en el hipocampo y en los bulbos olfativos y consiste en la división en dos de una célula madre; la neurona que resulta puede migrar a la parte del cerebro donde sea requerida.

A pesar de conocer todo esto, descubrimos en nosotros una resistencia al cambio que no va en la dirección que nosotros deseamos. ¿A qué se debe?

Todas nuestras rutinas (trabajar en un sector, para tal jefe, etc.) son conducidas por los ganglios basales (el centro de hábitos está en el cerebro límbico o mesencéfalo) y esto permite una reducción en el consumo de energía de nuestro cerebro; los ganglios basales se concentran en las actividades rutinarias, como puede ser elaborar un informe sin prestarle atención consciente al movimiento de las manos en el teclado. En la resistencia al cambio, el punto de partida es evitar tanto el consumo exagerado de energía cerebral como el miedo que tiene lugar durante los procesos de cambio. Para ello, el primer paso es reducir la incertidumbre.

Hemos hablado de las limitaciones (o necesidades) del ego como algo que no nos ayuda a tomar la mejor de las decisiones en cada momento, pero hemos de añadir la parte fisiológica. Por ejemplo, si tomamos una decisión cuando somos presa de la ira, probablemente sea un desastre. ¿Por qué? Debido a las sustancias que segrega nuestro cerebro cuando estamos enfadados o asustados y a cómo están nuestras ondas cerebrales. En los momentos de ira, nuestro neocórtex —la región del cerebro que nos permite aprender— experimenta un robo físico de sangre por la subida de cortisol y glutamato, dos neurotransmisores que destruyen las neuronas del hipocampo.

Esta es la explicación científica a aquella frase de nuestros padres cuando nos decían que esperáramos para hablar con alguien que estuviera enfadado, porque no se puede razonar con una persona enfadada. Antes no se sabía el porqué, pero ahora sabemos que la verdadera razón de esperar a que la persona se calme es porque en ese momento de ira su mente está «poseída» por el cortisol. Cuando alguien se enfade a nuestro alrededor hemos de recordar esta idea y colaborar a que esa persona se tranquilice, a fin de que la sangre pueda volver a su neocórtex y, a partir de ahí, podrá reestablecerse algún tipo de razonamiento con esa persona, no antes. ¡Es importante recordar también que esa persona podemos ser nosotros en muchos casos!

Cuando decidimos trabajar el miedo en nuestro interior podemos hacernos una pregunta para identificar el miedo concreto sobre el que queremos trabajar: ¿Cuál es el miedo del que me gustaría librarme?

Una vez que lo hemos identificado, hemos de aceptarlo tal como es; pensar cómo sería nuestra vida sin ese miedo; crear una imagen de nosotros mismos sin ese miedo y visualizarnos actuando como si ese miedo no existiera en nuestra vida. Lo que se suele llamar en inglés: *Fake it until you make it!* (Fíngelo hasta que lo consigas).

Paso XIII
Del sufrimiento

El paso decimotercero nos habla de cómo podemos hacer disminuir el sufrimiento en nuestra vida.

Cuando ha sucedido algo en nuestra vida que nos hace sufrir tenemos un pensamiento concreto sobre nosotros mismos (soy un fracasado, me han abandonado, no soy lo suficiente, he hecho algo mal, etc.). Si nos lo creemos, generamos en el lóbulo frontal de nuestro cerebro una imagen de nosotros mismos de acuerdo con ese pensamiento.

Recordemos la frase de Henry Ford: «Si crees que puedes, tienes razón y si crees que no puedes, también tienes razón».

Por ello, si nos entregamos a una idea de que alguien nos ha hecho daño, los neurotransmisores (mensajeros químicos que envían información entre las neuronas) empiezan a influir en los neuropéptidos (otros mensajeros químicos creados por el sistema nervioso autónomo en el interior del cerebro límbico) y estos neuropéptidos envían señales a los centros hormonales, en este caso para estimular las glándulas adrenales, y el resultado es que nos vamos enfadando cada vez más por minutos.

Este estado del cerebro se puede mantener durante segundos, minutos, horas, días, semanas, meses o años. El ciclo graba un cierto patrón en el cerebro que nos condiciona a vivir emocionalmente en el pasado, como si fuera ayer. A esto se le llama el periodo refractario del sufrimiento.

Mantener o alargar ese período refractario del sufrimiento —ese tiempo en el que permanecemos anclados en el sufrimiento y del que no conseguimos salir— depende de nosotros y la decisión que tomemos puede cambiar toda nuestra vida. Para poder tomar una decisión que nos ayude de una forma profunda necesitamos aplicar las ideas señaladas hasta ahora, porque sólo un cambio de pensamiento nos ayudará a seguir adelante sin permanecer atrapados en el periodo refractario de sufrimiento.

Joe Dispenza cuenta, en una de sus conferencias, el ejemplo de dos mujeres que son abandonadas por sus esposos. Una de ellas acepta el cambio de destino en su vida, a pesar de que no le agradó en absoluto, y aplica los principios que hemos visto para aumentar el nivel de consciencia; la otra no consigue hacerlo. Y seamos conscientes de cómo hemos de interpretar esta última frase.

La realidad no es que la mujer que no lo consigue sea una mujer sin inteligencia, terca y egoísta. La realidad es que si no consigue hacerlo es porque sin tener el nivel de consciencia suficiente no puede actuar de otro modo. Y esto se aplica a todos nosotros.

Continuemos con la historia. Al pasar veinte años y ser interrogadas ambas mujeres sobre su pasado, la primera tenía una vida feliz: había criado a sus cuatro hijos, tenía un trabajo y una pareja; la otra no consiguió hacer esos cambios, sus hijos no habían podido estudiar, había desarrollado una depresión profunda y su vida era un verdadero desastre. Es un ejemplo muy claro de cómo la forma en que pensamos y actuamos tiene siempre consecuencias en nuestras vidas y en las de aquellos que nos rodean.

Un ejemplo de alguien que no permanece ni un minuto en el período refractario del sufrimiento es el caso de Rafa Nadal. En el tenis se ve de una forma más clara y rápida. ¿Qué pasaría si el tenista se sentara a llorar o se enfadara durante horas cada vez que perdiera un punto? Sería descalificado y perdería el partido.

Lo mismo sucede si pensamos en los músicos. ¿Creemos que nadie se equivoca en una sola nota a lo largo de una sinfonía con una orquesta al completo? No, pero no paran. Ni siquiera si se trata del solista. Continúan y al terminar, tanto los tenistas como los músicos, estudiarán lo sucedido, comprenderán y lo utilizarán para aprender de ello y seguir progresando.

Cuando yo escuché este concepto (período refractario del sufrimiento) me pregunté qué diferencia hay entre las personas que permanecen mucho tiempo en dicho periodo refractario del sufrimiento, y las que consiguen salir más rápido. Parece ser que las personas menos felices evalúan sus emociones sobre algún suceso desagradable como **emociones permanentes en el tiempo** (*permanent*) **y que lo invaden todo** (*pervasive*), mientras que las personas más felices son capaces de considerar sus **emociones como temporales** (*temporary*) y **específicas** (*specific*). Esto último nos permite no sucumbir ante algo más grande que nosotros porque nuestras emociones no invaden todo, ni creemos que ese estado en el que nos encontramos durará para siempre.

Cuando alguien se ve superado por una situación podemos transmitirle esta idea para arrojar un poco de luz frente a lo que él/ella considera un suceso que lo ocupa todo. Nada es para siempre. Yo tengo un amigo que siempre repite una frase que yo he hecho mía: «Ni todo, ni nada; ni nunca ni siempre», porque son conceptos absolutos que pueden llegar a paralizarnos al pensar que no tenemos margen de maniobra. Aquí se puede aplicar la idea también de dividir el problema; si no podemos hacer un esfuerzo del 100%, dividamos el esfuerzo necesario a realizar en pedacitos más pequeños y eso nos dará la tranquilidad suficiente para no vernos superados por la situación.

Las ideas señaladas hasta ahora para aumentar nuestro nivel de consciencia: considerar todo lo que nos sucede como una oportunidad y considerar que todos lo hacemos lo mejor que podemos en cada momento introducen un altísimo porcentaje de consciencia en nuestras vidas y la consecuencia directa es la no dependencia de nuestra felicidad en un porcentaje elevado de los sucesos del exterior y de lo que los demás hagan o digan, dejen de hacer o de decir, que tanto sufrimiento nos causan muchas veces.

En lugar de permanecer en el sufrimiento, podemos:

- Aprender a promover la hormona de la felicidad (dopamina), la de la autoestima (serotonina) o la de los mimos y caricias (oxitocina) trayendo a nuestro cerebro pensamientos que vayan en esa dirección.
- Pasar del paradigma del victimismo y de la queja al paradigma de la autorresponsabilidad aplicando las ideas de cambio de pensamiento que hemos visto hasta ahora.
- Pasar a trabajar en nuestro interior para crear esa paz que nos mantendrá en equilibrio, suceda lo que suceda en el exterior.

Al pensar en el sufrimiento hay una serie de preguntas que siempre me he hecho y creo que muchos nos hacemos.

1. ¿Por qué algo que sucedió hace mucho tiempo sigue haciéndonos sufrir?

Antes de nada, hemos de comprender que esa vivencia que sucedió y cuyo recuerdo nos hace sufrir ya no está ahí, no existe en nuestra realidad cotidiana.

Es un pensamiento, un recuerdo y ese recuerdo no somos nosotros. Pero sí somos nosotros quienes le damos —o no— paso a nuestro presente, otorgándole realidad o no. Nuestro sufrimiento va a depender de cuánto nos aferremos a ese pensamiento que recrea algo que sucedió en el pasado y que nos hizo —y nos hace— sufrir. Al controlar (en mayor o menor porcentaje) nuestro pensamiento podremos acabar con las emociones destructivas, no dejándolas que se adueñen de nuestra mente.

¡Lo importante es prepararnos interiormente para que lo de afuera no nos afecte en un porcentaje tan alto que nos impida mantener nuestra paz interior!

Está claro que todo nos afecta; nuestro trabajo consiste en ir comprendiendo para, poco a poco, ir dejando de dar tanto poder sobre nosotros a lo que suceda afuera y a lo que los demás hagan, digan o dejen de hacer o de decir.

En este camino que hemos iniciado, es necesario ser conscientes de que podemos decidir si tener un jardín en nuestro interior o un vertedero, porque nuestra mente se convertirá en aquello en que ocupemos nuestro pensamiento. Si dedicamos un tiempo a quitar malas hierbas (pensamientos que nos hacen sufrir) mediante la comprensión y plantamos semillas de flores (pensamientos amables sobre nosotros y sobre los demás tras haber comprendido todo lo que venimos trabajando hasta ahora) cuando pase el tiempo nos daremos cuenta de que el porcentaje de pensamientos positivos es mayor que el de los negativos y tendremos un jardín, y no un vertedero. Y ese es nuestro trabajo. Cuando se recomienda la meditación se hace porque al meditar ganamos espacio interior en nuestra mente para algo más que no sea el pensamiento automático.

2. ¿Qué hacer con mensajes que viven dentro de nosotros y nos hacen sufrir?

Tara Brach, en su libro *Aceptación radical,* cuenta la historia de una mujer cuya madre al morir le dice: «Toda mi vida he pensado que había algo malo en mí». Todos tenemos alguna idea de ese tipo sobre nosotros que nos hace sufrir. Ideas como no soy suficiente, no soy digno de amor, he de ser perfecto, etc. Pasamos minutos, horas, días, semanas y años de nuestra vida escuchando en nuestra mente ese tipo de mensaje que nos hace sufrir.

No es fácil tratar este tema. Lo primero es ser conscientes de ese pensamiento que nos hace sufrir y después decidir si pedimos ayuda profesional o no. En caso de que sea un trauma que tiñe toda nuestra vida es muy probable que necesitemos ayuda de un profesional, pero además nosotros podemos hacer un trabajo interior, comprendiendo que eso que llegó a nuestra vida es algo que no se puede cambiar; lo que sí podemos cambiar es nuestra forma de verlo a medida que tenemos más herramientas de comprensión.

Como ya hemos visto, podemos contemplarlo como una oportunidad de crecimiento interior. Además, utilizaremos la idea de que, en caso de que alguien provocara ese trauma, esa persona lo estaba haciendo lo mejor que podía en ese momento de acuerdo con su nivel de consciencia.

El perdonar o no es algo que está dentro de nosotros. Será nuestra paulatina comprensión, junto con el tiempo que necesitemos para llegar a la conclusión de que tan sólo obtendremos beneficios con el perdón, que además nos permitirá liberarnos. Es importante recordar que puede haber situaciones difíciles en la vida que pueden requerir mucho tiempo y mucho trabajo interior para poder llegar al perdón. No hay prisa, cada uno iremos creciendo en la medida de nuestra comprensión y de la atención que dediquemos a nuestro crecimiento.

Uno de mis maestros me transmitió la idea de que una persona que provoca situaciones de sufrimiento para otros (y esa persona podemos ser nosotros mismos) es en realidad prisionera de sus perturbaciones mentales y es como un ciego dando bastonazos a los demás. Lo hace sin tener absoluta consciencia de lo que hace y de lo que hiere. No tiene elección, su mente llena de engaños dirige su vida y afecta a todo lo que hay a su alrededor.

Hace un tiempo leí un artículo que decía que la rabia que sientes es tu responsabilidad, pero no decía nada más. Hemos de tener precaución con algunas ideas. Es cierto que nosotros queremos pasar del paradigma del victimismo al de la autorresponsabilidad, pero es importante también no crear culpa en nosotros y para ello hemos de comprender bien las ideas desarrolladas hasta ahora.

No somos culpables, somos la consecuencia de nuestro nivel de consciencia; lo que tampoco permite que nos instalemos en la autocomplacencia. Una vez que nos damos cuenta de cómo actuamos, una vez que somos conscientes de ello y lo comprendemos, podemos trabajar en la dirección adecuada para aumentar nuestro nivel de consciencia y liberarnos de emociones que nos hacen sufrir.

3. ¿Por qué nos comparamos con los demás?

Parece algo inevitable, pero no es necesario hacerlo. Cada uno estamos en un camino y en un momento concreto de evolución. Prestemos atención a las emociones nocivas perturbadoras que no permiten que pensemos claramente: la comparación lleva a la envidia, la codicia, los celos, etc., que nos separan de los demás. Darnos cuenta —y aceptar profundamente— que los demás son personas como nosotros, en un camino determinado y en un momento determinado nos hará bien.

4. ¿Qué tiene que ver el respeto a mí mismo y a los demás con el altruismo y provocar o no sufrimiento en los demás?

Al ser más dueños de nosotros mismos y de cómo pensamos podremos también elegir mejores compañeros de camino, siempre desde el respeto a los demás, que nos lleva directamente al altruismo. Quien tiene un alto nivel de consciencia se respeta profundamente a sí mismo y a los demás; no se maltrata a sí mismo, ni a los demás, lo que tiene como consecuencia un menor sufrimiento para todos.

Quien no respeta a los demás, ni los valora no puede conocer el altruismo, ni tiene en cuenta que sus actuaciones pueden producir sufrimiento en los demás (salvo que ellos estén ya muy desarrollados y sepan comprender y ver quién tienen enfrente, en cuyo caso no sufrirán).

5. ¿Cuáles son algunas de las causas fundamentales del sufrimiento?

Podemos hablar de muchas posibles causas del sufrimiento, pero si hemos de elegir las más importantes, podríamos decir que las siguientes son las más frecuentes.

1. El ansia por las cosas

Ansiamos objetos, situaciones, etc. El problema es que sufrimos en caso de no conseguir lo ansiado, pero lo grave es que cuando lo conseguimos, rápidamente ansiamos algo nuevo. ¡Nunca tenemos suficiente!

2. El apego a las personas

El apego nos hace sufrir por nuestras necesidades de control y por la necesidad de ser aceptados, admirados, amados y respetados. Además, sufrimos al temer que esa persona deje de amarnos.

3. El temor a perder

Tememos perder ese objeto, situación o persona. Recordemos que buscamos objetos o personas creyendo que nos harán felices, pero no es el objeto ni la persona lo que nos hace felices, sino las sensaciones que nos producen cuando los tenemos.

4. El deseo de huir de lo que nos hace sufrir

Sufrimos al querer liberarnos de todo lo que nos hace sufrir, cuando el verdadero camino es aceptar la situación, ver lo que podemos aprender y después hacer lo mejor que podamos.

Paso XIV
Del perdón

El paso decimocuarto nos presenta el perdón como llave de liberación, aunque esa llave sea a veces difícil de encontrar.

Ya en el capítulo anterior surgía la palabra perdón unida al sufrimiento y como herramienta para soltar ese sufrimiento que nos une a quien creemos que lo causó, sea una persona física, una empresa, un gobierno, etc.

Como estamos viendo, el trabajo es interior y para poder vivir con más paz interior es importante desechar la idea de que podemos controlar cómo han de comportarse los demás. Es mejor dejar libertad a los demás para que decidan cómo desean comportarse y que posteriormente verifiquen el resultado de su propio comportamiento, como va a suceder con nosotros también.

Cuando en algún momento de nuestra vida nos equivocamos y alguien nos comprende y además nos ayuda a encontrar una solución, todo en nuestro interior es diferente; para empezar, el cortisol no se dispara y se liberan otro tipo de hormonas en el cerebro que nos permiten estar tranquilos. Eso podemos aplicarlo nosotros también cuando alguien se equivoque;

podemos intentar comprenderlo y después, si podemos, perdonarlo.

Todos nos hemos preguntado qué podemos hacer con los sentimientos que nos hacen sufrir cuando no conseguimos perdonar. Hay veces en que nos es muy difícil cambiar lo que sentimos hacia una determinada persona o una situación concreta en nuestras vidas. Sin embargo, si no queremos pasar toda nuestra vida sufriendo, es necesario replantearnos ese sentimiento.

Cuando no podamos comprender a alguien que «no se comportó de la mejor manera con nosotros» hemos de saber al menos que es necesario terminar con la interpretación intelectual de por qué las personas actúan como actúan.

Las situaciones que llegan a nuestra vida tienen la finalidad de hacernos crecer (y aquí no estamos justificando ningún comportamiento que suponga una violación de los derechos de otro ser humano) y, como hicieron Viktor Frankl, Nelson Mandela o Gandhi, lo importante es lo que hacemos cuando alguno de nuestros derechos se ha violado. Los mayores beneficiados de la comprensión seremos nosotros, al no dejarnos aplastar por cualquiera de las situaciones que podamos imaginar.

Dado que vamos a intentar abandonar la interpretación intelectual de por qué nos hirieron, sí podemos en cambio preguntarnos:

> «¿Puedo cambiar yo para ver el sufrimiento que existe en el comportamiento de esa persona para actuar así? ¿Puedo llegar a comprender que el sufrimiento causado no era para mí, sino que era un magma de violencia a la deriva, listo para explotar?»

La consecuencia de esta actitud es que podremos llegar a perdonar y romper el vínculo emocional con un pasado que nos hace sufrir. Si lo conseguimos, lo que permanecerá será un recuerdo, y «un recuerdo sin carga emocional es sabiduría», tal y como señala en sus conferencias Joe Dispenza. Dejaremos de sufrir; habremos dado un salto de gigante.

Pensar que las personas que nos hirieron tenían su mente llena de engaños, como hemos visto anteriormente, puede ayudarnos a comprender para lograr, algún día, perdonar, pero recordemos que no hay prisa.

Y entonces surge la pregunta tremendamente personal: ¿Qué podemos hacer si no conseguimos perdonar a alguien? Lo que yo he comprobado es que hemos de tener paciencia y pensar que, si ahora aún no podemos, algún día podremos conseguirlo. A pesar de que conozcamos —o intuyamos— los grandes beneficios del perdón es algo que no nos podemos imponer; llegaremos —o no— a él cuando estemos preparados. Los beneficios serán grandes: nos liberaremos definitivamente, pero recordemos de nuevo que cada uno lo hacemos lo mejor que podemos, ¡incluidos nosotros!

En ese camino del perdón hemos de recordar también que nuestras limitaciones para poder pensar de esta forma provienen de las necesidades de nuestro ego:

a) tener el control y la seguridad por un lado y

b) ser aceptados, admirados, amados y respetados por los demás (Paso XI).

Cuanto menos estemos sometidos a estas necesidades de nuestro ego, más libres seremos para todo: para ayudar, para perdonar, para crecer, para no sufrir, para saber esperar, etc. Y en algún momento de nuestra vida, reemplazaremos el perdón por comprensión, porque comprenderemos que quienquiera que pudiera habernos herido no tenía en ese momento otra opción en su mente debido al nivel de consciencia que tenía en ese instante. Y nosotros seremos libres. Esto lo podemos aplicar a nosotros en caso de que cometamos un error y no actuemos de la mejor forma con algún otro ser humano.

Paso XV
De nuestra misión en la vida

El paso decimoquinto nos presenta nuestra misión en la vida como algo verdaderamente importante en nuestro camino a la felicidad.

Uno de los cinco principales arrepentimientos de las personas a punto de morir podemos enunciarlo como: «Me hubiera gustado vivir la vida que estaba destinado a vivir».

Objetivos como adquirir una casa mayor, un mejor coche, un ascenso, etc., son todos objetivos que, una vez conseguidos, dejan de hacernos felices. Es importante que cada ser humano descubramos ese objetivo vital o esa misión. En principio ha de tener un significado personal y ha de ser elegido por nosotros; puede —o no— tener que ver con la profesión que tengamos en este momento.

No es fácil encontrar nuestra misión en muchas ocasiones, pero es importante encontrarla. ¿Cómo reconocerla? Es aquello que nos llena profundamente, que aumenta de tal forma nuestra energía que contagia a los demás de una forma muy positiva.

Veamos algunas preguntas o ideas que nos pueden ayudar a descubrir esa misión:

1. ¿Qué no puedo dejar de hacer antes de marcharme de aquí?
2. Si viviera en un mundo anónimo, si nadie supiera que soy yo quien «hace lo que hace» ¿seguiría haciendo lo que hago?
3. ¿Me gusta lo que hago o me gusta la idea de lo que hago?
4. ¿Soy consciente de que mi principal misión es aumentar mi nivel de consciencia y además desarrollar la actividad que haya elegido en mi vida?
5. ¿Puedo recordar los momentos en que hago algo que amo profundamente o algo que hago por un ideal elevado? Normalmente no notamos transcurrir el tiempo y la felicidad que sentimos al concluir ese trabajo o actividad va más allá de cualquier sentimiento. Es algo difícil de describir, pero estoy segura de que sabéis a qué me refiero. ¡Es algo que nos hace sentirnos completos!

Además, como decía Nietzsche: «Cuando tenemos un porqué en la vida podemos tolerar cualquier cómo».

El punto común de todas las personas que tienen y llevan a cabo su misión de una forma clara en esta Tierra es que son más felices que el resto, independientemente de todo lo demás que les rodee.

Seguir nuestra misión inspira a otros, como es el caso de la Madre Teresa, quien era feliz independientemente de lo de afuera porque había encontrado «eso» que daba sentido a su vida. Tenía un alto nivel de consciencia y de amor.

Podemos citar también a Marva Collins, una profesora de niños cuya característica en común era que habían sido rechazados por otros centros en Chicago. Dedicó su vida a ayudarlos a sentirse especiales y únicos y los niños salieron adelante, a pesar de que el sistema educativo los había rechazado. A Collins le ofrecieron ser Ministra de Educación en USA y no aceptó, porque eso la apartaría de su verdadera misión. Esa fue su decisión.

De acuerdo con las investigaciones de Donald Winnicott, pediatra y psicoanalista británico, existe un «espacio de seguridad», que puede definirse como el espacio en el que los niños se sienten amados incondicionalmente y eso es lo que Marva Collins les proporcionaba. Ese «espacio de seguridad» promueve a su vez el «círculo de creatividad», en el que los niños se atreven a tomar riesgos porque se sienten protegidos. Esto es perfectamente aplicable al mundo laboral; si nuestro jefe es un líder, nos proporcionará ese espacio para crecer que todos necesitamos y en el que el error se acepta como un paso más en el crecimiento que hemos iniciado.

Estos son, entre muchos, algunos ejemplos de personas que hicieron de su vida su misión. Nosotros pasamos por distintos momentos en nuestra vida profesional y probablemente habrá una parte que estará más dedicada al trabajo (*job*) y orientada al dinero; otra parte más dedicada a obtener prestigio (*career*) y a veces llega la parte en la que hacemos lo que tiene un profundo significado para nosotros (*calling*), nuestra misión. La pregunta es cuál domina en este momento en nuestra vida e ir caminando hacia aquello que nos haga sentir que habremos cumplido lo que veníamos a hacer cuando dejemos este planeta.

Si no podemos dedicar nuestra vida profesional a esa misión en un primer momento, pensemos que eso es algo normal. Empecemos dedicándole una parte de nuestro tiempo libre y poco a poco nos iremos acercando a dedicarnos plenamente a ello, si es que es lo que buscábamos. En caso contrario, sigamos buscando hasta encontrarlo.

En su *Apología*, Platón define la misión de la vida de Sócrates como «el despertar en los atenienses la importancia de prestar atención a sus almas», y esta idea la recoge también Arianna Huffington en su libro *THRIVE*.

Este concepto de misión podemos encontrarla también en la frase de Einstein: «Si quieres una vida feliz, átala a una meta, no a una persona o a un objeto».

¡Encontrar nuestra misión es tocar nuestra propia música y no la de otros!

Paso XVI
Del propósito de nuestras acciones

El paso decimosexto es una excelente herramienta para nuestro progreso en este camino iniciado porque nos habla de la función que tiene el conocer el propósito de nuestras acciones y la revisión de nuestro día para poder ir conquistando nuestra paz interior.

Hay dos actividades concretas que pueden ayudarnos:

1. **Antes de empezar a realizar cualquier actividad, preguntémonos: ¿Cuál es mi propósito?**

Pararnos para hacernos esta pregunta nos dará el tiempo necesario para elegir lo que verdaderamente queremos hacer en cada momento e irá cambiando la configuración de nuestro cerebro, de tal forma que cada vez que vayamos a iniciar una actividad esa pregunta venga a nuestra mente sin necesidad de recordarlo. Eso significará que lo hemos interiorizado.

Para poder aprender a dirigir nuestro propósito o nuestra intención es necesario primero poder dirigir nuestra mente y para ello hemos de instalar, previamente, ciertos hábitos para que nuestro cerebro nos ayude a progresar en este camino iniciado.

Veamos que leer sólo sobre algo no es lo mismo que escuchar, contar y convertirnos en lo aprendido. Cuando el hábito de ser conscientes del propósito de cada cosa que vayamos a hacer lo tengamos interiorizado no será necesario recordarlo cada vez que vayamos a hacer algo, sino que nuestro cerebro nos traerá la pregunta automáticamente. No es necesario decir que, como veíamos en el Paso I, es importante desarrollar una atención y una intención lo suficientemente potentes como para, paulatinamente, ir haciendo real este cambio que deseamos.

Un antiguo texto védico Upanishad dice:
«Tú eres lo que es tu deseo más profundo.
Como es tu deseo es tu intención.
Como es tu intención es tu voluntad.
Como es tu voluntad son tus actos.
Como son tus actos es tu destino».

2. ¿Antes de dormir, cada noche, preguntémonos: ¿Qué nos ha hecho perder nuestra paz durante el día y cómo deberíamos haber visto lo que ha sucedido para no perderla en el futuro?

Esta pregunta es diferente de la que proponía Séneca: qué he hecho bien, qué he hecho mal y qué podría haber hecho de otra forma.

Esta pregunta nos propone hacer la lista de los sucesos que diariamente nos han hecho perder la paz. Veremos que es una lista larga al comenzar y que poco a poco va disminuyendo al no depender tanto de lo que sucede fuera. Podemos escribirla o no cada noche, lo que creamos que puede ser más efectivo. En principio, escribir al menos los primeros treinta días puede ser de gran utilidad.

Paso XVII
De la gratitud

El paso decimoséptimo consiste en comprender el gran beneficio de la gratitud en nuestras vidas y en las de aquellos que nos rodean para ser cada día más felices.

Hace unos años dirigía una fundación que tenía proyectos en varios países del mundo y recuerdo la primera vez que regresé a Luxemburgo después del primer viaje a Liberia (a las minas de Yekepa, a Monrovia y a Buchanan).

Al abrir la puerta de mi apartamento, que nadie había saqueado en mi ausencia, empecé a dar gracias por un montón de cosas de las que no me había dado cuenta antes como:

- por la seguridad de la que disfrutaba en Luxemburgo, yo nunca echaba la llave de mi casa;
- por tener agua fría para beber cada vez que abría el grifo de casa y no tener que transportar baldes de agua de treinta litros sobre mi cabeza diariamente;
- por tener agua caliente para una ducha sin tener que calentarla yo misma;
- por tener una casa segura que no estaba sujeta a seísmos;
- por tener un médico y un hospital al que acudir si lo necesitaba;

- por tener no sólo comida, sino comida diferente cada día en la mesa;
- porque las lluvias no arrastraran mi casa;
- por tener ropa suficiente si hacía frío;
- por no estar amenazada de ser violada en cualquier momento del día o de la noche;
- por tener luz todo el tiempo sin sufrir apagones continuos:
- por tener internet veinticuatro horas al día;
- por tener sábanas en mi cama y una lavadora;
- por tener cubiertos para comer y lavavajillas;
- por tener un coche y no tener que hacer decenas de kilómetros diariamente andando.

Poco a poco, viaje a viaje, esa gratitud se instaló en mi día a día y posteriormente cada vez que volvía de Sudáfrica, Bangladesh, India, Senegal, Kazajistán, Marruecos, Argelia, Venezuela, etc., esa gratitud se convirtió en un pensamiento que mi cerebro ya no necesitaba recordar. Unos años después, la gratitud por todo lo que he nombrado se había instalado en mi cerebro como un programa perfecto. Una vez dicho esto, siempre es bueno recordarlo, para que no se olvide.

Todos podemos desarrollar la gratitud por las cosas que nosotros consideramos «pequeñas», simplemente arrojando consciencia a nuestras vidas y a cómo son las de millones de seres humanos en el mundo.

Aumentar el nivel de consciencia nos empieza a descubrir miles de cosas que no habíamos apreciado antes y que son algo maravilloso. Y no será necesario perder nuestro trabajo, ni la salud, ni a un ser amado para valorarlos. Seremos conscientes de lo afortunados que somos en la mayor parte de los momentos de la vida. Esta consciencia aportará una profunda felicidad a nuestro día a día.

Habiendo comprendido esto, podemos preguntarnos: ¿Cuántas horas hemos dedicado a comprender la información que nos ayuda a ser más felices? Disponer de libros y de información que coloca nuestra felicidad en nuestras manos y nos libera de tener que llevar una vida sufriendo por lo que otros hacen es también motivo de gratitud. Hay muchas personas que no disfrutarán de este tipo de información en toda su vida.

Como ya venimos comprendiendo, esta es una decisión únicamente nuestra y dependerá de lo hartos que estemos de cómo vivimos nuestra vida actualmente para decidir lo que vamos a hacer con ella a partir de ahora.

Además de hacer una lista mentalmente o por escrito cada noche de lo que nos hace perder la paz, como veíamos en el paso anterior, podemos instalar en nuestra vida el hábito de agradecer cada noche tres cosas que hayan sucedido ese día en nuestra vida o cosas que ya existen y de las que no nos habíamos dado cuenta. También podemos hacerlo con nuestros hijos cuando se vayan a acostar. De esta forma iremos instalando en sus mentes (y en las nuestras) la valoración de lo positivo y la consciencia de lo afortunados que somos en la mayor parte de las horas de cada día.

Paso XVIII
De la estabilidad mental

El paso decimoctavo nos muestra la importancia de la estabilidad mental en el camino hacia la felicidad.

Si deseamos ser dueños de nuestra estabilidad mental, si deseamos ser nuestros propios líderes o liderar equipos es importante haber alcanzado una cierta estabilidad mental. Podemos decir que es una virtud del líder. Hemos de recordar que liderar el algo que existe desde hace miles de años y que ya hace más de dos mil años que Huang-ti (predecesor de Confucio) escribió: «Si una persona llega a ocupar un cargo de autoridad que excede sus virtudes, todos sufrirán».

Por ello hemos de llegar a ser la mejor versión de nosotros mismos antes de liderar equipos y para ello hemos de saber que nosotros somos los «conductores» del carruaje y no víctimas de nuestra propia inestabilidad mental.

Para adquirir estabilidad mental podemos reconocer varias etapas por las que vamos a ir pasando y que iremos conquistando poco a poco. El producto final es la estabilidad mental.

Etapas para alcanzar la calma mental

1. Reconocer las emociones destructivas

Si queremos ir estabilizando nuestra mente lo primero es reconocer las emociones destructivas que nos desestabilizan como el miedo, el rencor, el apego, el orgullo, el no olvidar el daño que nos hicieron, etc., y comprender que no pertenecen a nuestra mente ya, que es algo pasado, que tan sólo existen si nosotros les damos fuerza. Esta es una idea fundamental.

Recordemos que no somos ni nuestros pensamientos ni nuestras emociones destructivas. ¡Somos mucho más que eso!

Y si conseguimos darnos cuenta de que ese pensamiento que aparece es simplemente una reconstrucción neuronal que tiene lugar cada vez que recordamos lo sucedido, podremos comprender que tenemos la capacidad de ir difuminándolo cada vez más (una vez que hemos comprendido y aceptado que lo que sucede en nuestra vida es una oportunidad de aprendizaje).

Podemos considerar a los pensamientos y emociones como nubes que pasan, o no, y nosotros podemos colaborar a que pasen, o a que se instalen en nuestro cerebro.

La felicidad genuina se crea en nuestro interior y no proviene de fuera.

Pensemos en qué sucede cuando nos enfadamos. Tenemos claro que el enfado nos hace daño y hemos de saber que el pensamiento anterior crea el posterior: un pensamiento de enfado dará lugar a otro pensamiento de enfado.

¿Y qué sucede cuando la persona con la que nos hemos enfadado se marcha? ¡Nosotros nos quedamos con el enfado, ella no, y además lo transmitiremos a otros!

Con la atención y la práctica suficiente llegará un día en que seremos capaces de ver surgir ese pensamiento y podamos cambiarlo en segundos. Al principio puede llevarnos meses, semanas o días, pero llegará el día en que nos llevará tan sólo unos segundos.

Krishnamurti decía que podemos acabar con el enfado automáticamente al darnos cuenta de que nosotros no somos el enfado. Y esto lo podemos aplicar a todas las emociones destructivas, como dice Daniel Goleman, psicólogo, profesor de Harvard y escritor.

Recordemos algunas ideas que ya hemos visto y que pueden sernos útiles en este momento: Nosotros no somos nuestros pensamientos; nuestros pensamientos en sí no tienen poder alguno para hacernos sufrir; si aprendemos a no involucrarnos y a no identificarnos con nuestros pensamientos podremos darles la realidad que nosotros decidamos en cada momento.

Cuando hablamos de enfado hacia una persona, nuestra mente colocará en esa persona características no demasiado agradables y que apoyan nuestro enfado. De la misma manera, si hablamos de apego hacia alguien, nuestra mente otorgará características agradables a esa persona que tampoco son tan reales como queremos creer.

Si nos dejamos arrastrar por nuestra mente enfadada o apegada, podremos ver características que no son reales, tanto en la persona con la que estamos enfadados como en aquella a la que estamos apegados.

Y si permitimos que esas emociones nos perturben, lo siguiente será una acción que podrá causar sufrimiento a alguien y por tanto está sembrando algo que en algún momento recogeremos. Lo importante de todo esto es darnos cuenta de ello, ser conscientes del proceso para poder cambiarlo si así lo decidimos.

2. Buscar la causa de las emociones destructivas

Para encontrar la causa de una emoción destructiva y poder hacerla desaparecer, sabiendo que quien interpreta el mundo exterior es nuestra mente, hay unas cuantas ideas que pueden ayudarnos a comprender:

1. Las raíces de los problemas que causan emociones destructivas son muy profundas y con la mente que tenemos en este momento quizás aún no podemos comprender. Antes hemos de conseguir calma mental y tener la certeza de que, con ansiedad, enfado o con una vida desordenada no podemos acceder a esa calma mental.
2. Todo lo sucedido en nuestras vidas tiene un para qué. Esta idea ya introduce algo de calma y nos anima a seguir buscando la causa, pero de una forma menos agitada.
3. Los pensamientos no tienen poder para hacernos daño si nosotros no se lo damos. Antes de llegar ahí hemos de comprender varias cosas: la existencia de posibles traumas en nuestra vida; cómo se ha ido conformando nuestra mente a medida que hemos ido creciendo; el país en el que hemos nacido; el tipo de familia en el que hemos vivido; nuestra educación o no educación; los patrones mentales que hemos adquirido y que dan un significado concreto de forma automática a lo que nos sucede, etc.
4. Lo que nos produce sufrimiento es nuestra reacción frente a ese pensamiento, el no poder dejarlo pasar porque nos atrapa, nuestra identificación con ese pensamiento, al que le damos todo el poder para modificar nuestro estado de ánimo.

3. Comprender los beneficios de una mente estable

Los beneficios de una mente estable son fundamentalmente dos:

1. Nos permite elegir lo mejor en cada momento.

Cuando no tenemos una mente estable no elegimos lo mejor en nuestra vida, porque nuestra mente no tiene la claridad suficiente para ello. Al adquirir esa claridad o estabilidad vemos «clara» la mejor elección en cada momento de nuestra vida.

2. Nos permite evitar crear causas de un posterior sufrimiento con nuestras elecciones.

Cuando, por no tener una mente estable, no elegimos bien creamos las causas de un mayor sufrimiento posterior, propio y ajeno. Al elegir bien, porque nuestra mente ha podido adquirir mayor estabilidad, no crearemos situaciones que posteriormente puedan ser causa de sufrimiento para otros y para nosotros mismos.

4. Al evitar reaccionar de forma compulsiva, podremos evitar más de un 80% de sufrimiento en nuestra vida

La consecuencia de la estabilidad y del equilibrio de nuestra mente es que nadie podrá causarnos sufrimiento (o al menos no en un elevado porcentaje) porque aprenderemos a no permitir que las emociones arrastren a nuestra mente. Todo esto va mejorando a medida que ponemos en práctica las ideas que hemos comprendido. Si al comenzar a comprender esta forma de vivir casi todo nos desasosiega y nos hace perder la paz, porque estamos convencidos de que las cosas han de ser como nosotros hemos pensado que deben de ser, al ir viendo los resultados nos iremos dando cuenta de que podemos reducir nuestro sufrimiento de una forma importante.

También nos iremos dando cuenta de que el tiempo que tardaremos en recuperar nuestra calma será cada vez menor. Hay personas que tardan años en recuperarse de rupturas sentimentales, de decepciones amistosas, de dificultades laborales o de muertes de seres queridos; nos iremos dando cuenta de que algo que podría haber tardado años en curar lo hace en meses; algo que podría habernos durado meses, sólo nos desequilibrará semanas y poco a poco iremos reduciendo el tiempo que las distintas situaciones nos hacen sufrir hasta que lo reduzcamos todo lo que podamos cada uno de nosotros, de acuerdo a nuestro desarrollo de consciencia y a nuestras circunstancias personales.

Podemos usar un ejemplo sencillo, si antes el tráfico nos afectaba enormemente, pronto veremos que al aplicar las ideas fundamentales (y al ir interiorizando esta forma de pensar) podremos cambiarlo y no sólo no nos afectará de una forma negativa, sino que podremos sonreírle a la persona que haya hecho algo que hace un tiempo nos habría sacado de nuestro centro. Y lo mismo podemos aplicar a un comentario hiriente o poco agradable hacia nosotros, una mirada despreciativa, una omisión de gratitud por algo que hemos hecho, etc.

5. Tener claro que una mente feliz no hace daño a nadie

Cuando una persona hace sufrir a otros (recordemos que podemos ser nosotros mismos en algunas ocasiones), podemos decir que esa persona tiene en ese momento la mente perturbada y, dada su ofuscación mental, no encuentra otra opción a sus acciones u omisiones; esa persona no tiene libertad en ese momento para elegir otra cosa.

Cuando esta idea pasa a formar parte de nosotros lo primero que sucede es que dejamos de sufrir en un porcentaje bastante elevado, porque comprendemos que todos lo hacemos lo mejor que podemos en cada momento, de acuerdo con nuestro nivel de consciencia.

Si pensamos en la Madre Teresa veremos que el recuerdo de su sonrisa es algo que trae paz a nuestro corazón: nada la ofendía, no esperaba nada, podía cambiar de planes sin aferrarse a los que ya había trazado...; podemos decir que era una mente feliz en un pequeño y frágil cuerpo que no hacía daño a nadie.

6. Conocer las consecuencias del no aferramiento

Si poco a poco vamos comprendiendo cómo funciona nuestra mente y somos conscientes de la transitoriedad de nuestra vida, si no nos aferramos a nada ni a nadie porque estamos llenos en nuestro interior y nuestras necesidades del ego no dominan nuestra existencia en un elevado porcentaje seremos tan libres que podremos «tener todo y perder todo» sin sufrir. Seremos firmes como una montaña y tendremos la claridad de un lago.

Evidentemente este proceso nos va a llevar toda nuestra vida, pero la buena noticia es que iremos conquistado suavemente a nuestra mente para que esté a nuestro servicio y no para hacernos sufrir.

7. Saber que, a mayor estabilidad de nuestra mente, podrá haber mayor profundidad en la búsqueda de las causas que provocan nuestro sufrimiento

Al cultivar esa profundidad nos encontraremos más cerca de poder «mirar» las causas profundas que nos hacen sufrir. Es algo que llega de forma paulatina, dado que al principio lo fundamental es lograr estabilizar lo suficiente nuestra mente como para llevar una vida equilibrada. Al aumentar nuestro equilibrio podremos ver mejor lo que está en el fondo, como sucede cuando se aclaran las aguas de un lago que se han removido tras una tormenta. Si no hay tranquilidad, quietud, no podemos mirar al fondo.

Al empezar a buscar las causas que provocan nuestro sufrimiento, si es que lo consideramos necesario, nos daremos cuenta de muchas cosas de las que ya hemos hablado. Por supuesto que es importante, en algunos casos, conocer esas causas, pero hemos de tener cuidado de no aportarles más fuerza al permanecer demasiado tiempo analizándolas. Una vez hayamos reconocido la causa (nosotros solos o con un terapeuta) nuestra energía ha de estar en la construcción de nuestro mejor hoy (que se irá convirtiendo en mañana a golpe de días) aplicando todo lo que hayamos aprendido en los distintos libros que hayamos leído, cursos que hayamos seguido o terapias a las que hayamos acudido.

Recordemos siempre que la mejor forma de resolver los «atascos» del pasado es aplicar el método de los cirujanos: abrir, extirpar lo que nos hace daño y cerrar la herida para después iniciar el proceso de cicatrización. Si permanecemos demasiado tiempo abriendo heridas es difícil seguir hacia adelante. Esto no quiere decir no atender lo que hay que resolver en el pasado, claro que sí, pero sin hacer del victimismo nuestro modo de vida, fundamentalmente porque no nos ayuda a iniciar una vida, sino que nos deja anclados en el pasado.

8. Aprender a soltar la velocidad de crecimiento

A medida que avanzamos en la profundidad de lo que comprendemos nos damos cuenta de que podemos también abandonar en este camino la velocidad de nuestro crecimiento y el querer ver de forma inmediata los resultados del cambio dentro de nosotros.

Aprendemos a tener paciencia con nosotros mismos, sin que ello signifique falta de compromiso por nuestra parte en nuestro crecimiento para llegar a ser nuestra mejor versión. Al soltar, observaremos un poco más de tranquilidad dentro de nosotros. Probablemente dentro de unos días o de una semana nos entre de nuevo la prisa por llegar (los humanos siempre queremos llegar a todos sitios rápidamente) y de nuevo volveremos a darnos cuenta de algo que ya decía Gandhi: «Nuestra recompensa se encuentra en el esfuerzo y no en el resultado. Un esfuerzo total es una victoria completa».

9. Decidir si queremos tener un jardín o un vertedero

Podemos decidir si tener un jardín en nuestro interior o un vertedero porque nuestra mente se convertirá en aquello en que la ocupemos. Al parar el pensamiento ganamos espacio interior en nuestra mente para algo más. (Ver Del sufrimiento).

10. ¿Estamos dando bastonazos de ciego?

Si permanecemos prisioneros de nuestras perturbaciones mentales seremos como ciegos dando bastonazos a los demás. Lo hacemos sin querer porque no vemos, pero herimos.

La persona a la que herimos no debería enfadarse con nosotros, sino con nuestras perturbaciones mentales porque no tenemos elección. Cuando estamos bajo una perturbación mental somos como ese ciego que da bastonazos sin darse cuenta. La mente llena de engaños es la que dirige nuestra vida y afecta a todo lo que hay alrededor.

11. ¿Seguimos con la interpretación intelectual?

Acabemos con la interpretación intelectual (que ya hemos visto) de por qué las personas actúan como actúan. Comprendamos que a una mente estable nadie puede hacerle nada que ella no decida aceptar. Recordemos ese cuento oriental de alguien que trae un regalo, pero la persona a quien va dirigido no lo acepta. ¿De quién será el regalo entonces? De quien lo trae.

Lo que hacen los demás son oportunidades para nuestro crecimiento y si no lo necesitáramos, ni nos afectaría, porque ya lo habríamos trascendido. Y esto podemos comprobarlo todos, una vez que hemos iniciado el camino y vamos trascendiendo comentarios, acciones u omisiones que antes nos sacaban de quicio y poco a poco dejan de molestarnos o de ofendernos. Si algo nos molesta es que aún hemos de trabajar en ello.

12. Conseguir una mente en calma es muy importante para poder responder al final de nuestra vida a una pregunta

«¿Qué me voy a encontrar cuando cruce el bosque?» preguntó un alumno a su maestro.

Y el maestro respondió: «Lo que lleves dentro».

Lo importante es conseguir transformar esta mente que tanto nos hace sufrir y sólo entonces, y no antes, podremos ayudar a otras personas.

Paso XIX
De la voluntad necesaria para salir del antiguo paradigma

Este paso decimonoveno es el que decidirá el resultado final en nuestra vida porque sin una absoluta decisión de querer salir de lo conocido no podremos lograr nuestro objetivo.

Como veíamos en el Paso II, nuestra civilización ha establecido un doble rasero para la felicidad (*double standard of happiness*) dado que para todo aquello que consideramos valioso conseguir, estamos dispuestos a invertir tiempo, dinero y esfuerzo. Sin embargo, al hablar de la felicidad, de la paz interior, etc., pensamos que es algo que sobrevuela nuestras cabezas y que un día bajará sobre nosotros sin esfuerzo alguno. Como todos sabemos, eso no sucede. Nada valioso llega ni permanece en nuestras vidas sin el anhelo ni el empeño suficiente. Colocar la suficiente atención e intención es fundamental para que haya un crecimiento. Una planta no se desarrolla sin buena tierra, abono, agua, sol y cuidados; nuestra felicidad tampoco.

Cuando lo convertimos en una prioridad todo avanza. Sí hay una diferencia con otros posibles objetivos en nuestras vidas y es que este camino no nos lo impone nadie, ni constituye un esfuerzo desagradable. Todo lo contrario. Es como cuidar nuestro jardín. Empleamos tiempo y esfuerzo, pero sin prisa y con una profunda alegría.

¿Y cuándo llega ese momento? Cuando nos hayamos cansado de vivir de acuerdo con el paradigma anterior, siendo esclavos del drama continuo que alimenta a nuestro ego para ser el centro de atención, de considerar que somos unas víctimas de los demás y del sistema, de creer que no somos lo suficientemente valiosos como para merecer una profunda felicidad.

Cada uno tenemos nuestro momento de inicio que va seguido de posteriores momentos en los que retomamos el camino. Siempre podemos volver a comenzar. A veces tomamos la decisión de empezar y a los pocos meses, semanas o días nos cansamos. Y llega un día en que han podido suceder varias cosas: o el sufrimiento en nuestra vida es tan grande que decidimos hacer de nuestro crecimiento (personal o espiritual) una prioridad o nuestra decisión de cambiar se incrementa por alguna otra razón. Ese día es importante porque ya no habrá más paradas; quizás podamos ir más o menos despacio, pero en nuestra mente se habrá instalado claramente a partir de ese día lo que es una prioridad en nuestra vida.

Cada persona tenemos un momento de inicio. No se puede forzar. Y todos sabemos que cuando algo llega de verdad es imparable. Con la felicidad sucede lo mismo.

Vamos desarrollando a la vez paciencia con nosotros mismos si no vamos lo rápido que desearíamos ir, humildad al ver que continuamos equivocándonos en ciertos momentos y entrega al camino emprendido que traerá la calma anhelada.

Paso XX
De la transitoriedad de la vida

El paso vigésimo nos lleva a hablar de la transitoriedad de la vida, que no es algo triste, sino que potencia nuestra existencia en todos los sentidos. En Occidente no solemos hablar mucho de la muerte, pero como dice Sócrates en la obra *Fedón* (diálogo escrito por Platón ambientado en las últimas horas de Sócrates): «El único fin de aquellos que practican la filosofía de forma adecuada es practicar para el momento de morir, para la muerte».

En Roma también conocían esta idea. Recordemos al esclavo que acompañaba al general vencedor de las batallas al desfilar en Roma repitiéndole al oído: «Recuerda que eres mortal».

El arrojar consciencia sobre esa característica que todos tenemos —y que es ser mortales— nos permite tomar la distancia necesaria para poder vivir de una forma más feliz y con más paz interior, no permitiendo que palabras, acciones u omisiones de nuestra familia, pareja, expareja, amigos o jefe puedan hacernos sufrir. Esta idea está al final del libro porque cuando ya hemos reflexionado sobre todo lo anterior, constituye una pequeña vuelta de tuerca que nos permite avanzar en el camino iniciado.

Todos sabemos, y hemos comprobado, que todo pasa: los momentos tristes y los momentos felices. Algo sencillo que nos muestra la transitoriedad de la vida es la respiración. Concentrarnos en una respiración tranquila nos lleva a una mente en calma. El camino de la calma mental es llevar una vida ética, eliminar distracciones y poder entrenar la mente para cuando lleguen acontecimientos que puedan arrastrarnos. Será muy diferente lo que sucederá en nuestra mente, lo viviremos de una forma muy diferente dependiendo de dónde estemos en este camino que hemos iniciado.

Veamos algunas ideas que podrían ayudarnos a añadir consciencia a nuestra propia transitoriedad:

1. Podemos imaginar que vamos a morir en el plazo de una semana o de un mes y preguntarnos: **¿Qué poema escribiríamos sobre nosotros que contara la verdad esencial de nuestra vida?** Una vez lo hayamos escrito y seamos conscientes de lo que constituye «lo esencial» en nuestra vida, si hemos de hacer variaciones en nuestras prioridades o en la forma en la que nos enfrentamos a los acontecimientos, ese cambio vendrá solo.

2. Preguntémonos al levantarnos: **¿Qué tiene este día para mí?** De esta forma, e independientemente de la actividad que tengamos en nuestra vida, siempre tendremos un camino a recorrer: el conquistar un poco más nuestra propia paz interior. Sólo beneficios, para nosotros y para aquellos que nos rodeen, surgirán de este trabajo de crecimiento que durará hasta nuestro último día aquí.

3. **Vivir cada día como si fuera el primero o el último.** ¡Elijamos! Yo prefiero pensar en el «último» porque me ayuda a

ser aún más consciente de que la vida en la Tierra es finita y cada día que pasa no vuelve. El vivir cada día como si fuera el último aplica el principio de escasez en la economía, por el que todo aquello valioso y que no abunda adquiere aún mayor valor.

4. Cuando no sepamos qué decisión tomar porque no hay claridad en nuestra mente, podemos seguir este consejo que un monje me dio una vez: **«Si tienes un problema y has de tomar una decisión, pregúntale a tu muerte».** Esta pregunta nos ayuda a establecer prioridades en nuestra vida y a tomar mejores decisiones.

5. **Es importante ser conscientes de cómo será el final de nuestro cuerpo.** Algunos maestros recomiendan contemplar una cremación en India o en otro lugar. Ver cómo cae la grasa de los dedos de los pies, cómo van haciendo ruidos los huesos y el característico sonido que hace el cráneo al quebrarse. Lo importante no es sólo verlo, sino ser conscientes al verlo y pensar: «Yo soy eso», para poder vivir nuestra vida de la mejor forma.

6. Independientemente de lo que pensemos que hay, o no hay, al terminar nuestra vida en la Tierra, **es importante vivir la vida que querremos haber vivido al llegar ese día.** Pensemos que nuestra vida es una película y cómo nos gustaría habernos comportado en cada una de las situaciones. En caso de que no hayamos podido hacerlo de la mejor forma, hagamos que el/la protagonista (nosotros) se decida a vivir su vida como realmente quiera ver pasar un día la película de su vida. Recordemos que no somos los actores secundarios, somos los protagonistas de nuestra vida.

7. En el momento de morir sólo lo que hayamos hecho con nuestra mente nos ayudará a vivir ese momento de la mejor forma. **Invertir nuestro tiempo en liberar a nuestra mente de todos los engaños que provocan sufrimiento es un tiempo muy bien empleado.**

Paso XXI
De la comprensión
y el abandono

¡Hemos llegado al paso vigesimoprimero! Una vez le preguntaba a un maestro por qué el cambio que tanto anhelaba no llegaba a mi interior. Tampoco se producían cambios «afuera» (trabajo, familia, relaciones, salud, etc.). Me preguntaba —con mayor o menor desesperación dependiendo del día— qué estaba haciendo mal para que nada se moviera. Muchos nos encontramos en distintos momentos de nuestra vida en situaciones semejantes.

Y llega un día en que ese cambio se produce. ¿Qué ha sucedido? Probablemente que habremos comprendido (en su más completa definición) y que habremos conseguido abandonarnos.

Después de muchos libros, cursos, psicólogos, psicoanalistas, terapeutas de flores de Bach y demás posibilidades que a cada uno se le ocurra al leer este libro llega un día, que además no es un día, sino varios a lo largo de la vida, en el que de repente sucede algo. Comprendemos algo. Damos un salto de comprensión. Y estos pequeños «satoris» surgen como consecuencia de muchas «pequeñas grandes cosas» como:

A mayor nivel de consciencia...

1. Aceptaremos que el cambio ha de venir de nuestra mente y no únicamente de un cambio exterior de nuestra conducta.
2. Comprenderemos que lo que nos sucede es siempre una oportunidad para mejorar y sufriremos menos.
3. Estaremos convencidos de que todos lo hacemos lo mejor que podemos de acuerdo con nuestro nivel de consciencia.
4. Descenderá en nuestras vidas nuestro nivel de estrés y de miedo.
5. Habremos comprendido la diferencia entre tener y ser e invertiremos en lo mejor para nosotros.
6. Dejaremos de colocar nuestra felicidad en nuestro trabajo, nuestros amigos, nuestra pareja, nuestro jefe, el gobierno o el tiempo meteorológico.
7. Nos darán menos miedo los cambios.
8. Gestionaremos mejor nuestras emociones.
9. Seremos más conscientes de cuándo estamos siendo dominados por alguna de las necesidades del ego.
10. Verificaremos que nadie nos quita nada.
11. Iremos comprobando que las lecciones que vamos necesitando suelen venir de las personas que más nos importan y que si las aprendemos daremos un salto grande.
12. Podremos dar fe de que cuanto más nos aferramos a algo o a alguien antes lo perdemos y de que si no necesitamos aferrarnos llega todo lo que necesitamos.
13. Podremos perdonar de una forma más profunda hasta comprender la razón por la que esa ofensa llegó a nuestra vida.
14. Nos preguntaremos con más frecuencia cuál es nuestra misión en esta vida, con toda la felicidad que ello conlleva.
15. Pensaremos en cuál es el propósito de cada acción que vamos a emprender y no seremos esclavos del resultado de nuestras acciones.

16. Iremos conquistando nuestra paz interior al analizar cada noche lo que nos ha quitado la paz durante el día.
17. Seremos mucho más agradecidos por todo y no daremos nada por hecho.
18. Aumentará nuestra estabilidad mental, con todas las ventajas que ello conlleva.
19. Llevaremos a cabo todo lo necesario para salir del modo de comportamiento del antiguo paradigma para vivir cada vez más en el nuevo; el esfuerzo necesario no nos costará trabajo porque seremos cada vez más conscientes de todos los beneficios que vivir de esta forma trae consigo.
20. Viviremos cada momento más intensamente, y a la vez con más paz, al ser conscientes de nuestra transitoriedad.
21. Todo lo anterior tiene una consecuencia y podemos resumirlo en una frase: «A mayor nivel de consciencia, mayor felicidad en nuestras vidas».

Una vez que vamos comprendiendo y vamos comprobando cómo nuestra vida empieza a ser algo bello y en la que, paulatinamente, los dramas van dejando de tener cabida. Independientemente de lo que suceda afuera, damos un paso más para aumentar nuestra felicidad.

Este paso consiste en ir siendo conscientes de que, además de todos nuestros esfuerzos y toda la comprensión que hayamos desarrollado, necesitamos soltar el resultado, necesitamos abandonarnos a lo que podremos llamar con distintos nombres: Vida, Energía, Inteligencia Suprema, Ser, Uno, Absoluto, Dios, Alá, Brahman, Eterno inmutable que habita dentro de nosotros, etc.

Ese abandono confiado y consciente traerá paz a nuestra mente, se reflejará en nuestros ojos y nos mostrará un camino de mayor tranquilidad que el camino de lucha que hemos podido llevar anteriormente, intentando conseguir todo lo que anhelábamos e intentando que todo se adecuara a lo que deseábamos, tan sólo porque esa imagen vivía en nuestra mente desde hacía tiempo.

Este abandono no llega, salvo en contados casos, de la noche a la mañana, sino que llega despacio, de puntillas, creciendo en nuestro interior día a día, aunque haya veces que creamos haberlo perdido. Cuanto más confiamos, más nos muestra resultados, pero siempre que no sea un truco mental nuestro (los humanos somos así) por el que «hacemos que confiamos, pero no confiamos», tan sólo para obtener el resultado que deseamos. ¡Ya os digo que no funciona! ¡No sé cómo se detecta la «pequeña mentira que nos contamos», pero se detecta!

Tenemos un regalo, un increíble regalo: nuestra vida. ¡Los que están o han estado a punto de perderla saben bien cuánto vale! Tratémosla como lo que es: un tesoro que un día desaparecerá tal y como hoy la conocemos. Nuestro tiempo en la Tierra es limitado, limitación que no impide que podamos estar presentes cada día un poquito más.

Con cada error (diario) del que somos conscientes, vamos avanzando en la comprensión y a la vez en el abandono. Sin ese error concreto no podríamos crecer, ni aumentar nuestro nivel de consciencia, ni rebajar el de sufrimiento, ni aumentar nuestra felicidad. El día que comprendamos el valor del error, empezaremos a dar las gracias a los «proveedores de errores» (recordemos que nosotros también somos «proveedores de errores» para otros). Sin los «proveedores de errores» (ya sean personas físicas o situaciones sobrevenidas) no aprenderíamos, ni llegaríamos a aceptar que todo tiene un para qué y que un sabio es alguien que ya ha cometido miles de errores.

Bienvenido al mundo de cometer errores, pero no nos quedemos solamente en esa idea. Pensemos que después de cada error estaremos un poquito más cerca de nuestra verdadera esencia, de saber que somos humanos y que como humanos nos equivocamos, pero que también soñamos con alcanzar esa paz profunda, esa felicidad indescriptible y «ese amor que al sol mueve y las estrellas».[4]

---

[4]   *La Divina Comedia*, Dante. Canto XXXIII, Verso 145

Bibliografía

ALONSO PUIG, Mario: *Vivir es un asunto urgente*, Aguilar, 2008.

ALONSO PUIG, Mario: *Ahora yo*, Plataforma Editorial, 2011.

BEN-SHAHAR, Tal: *Happier*, McGraw Hill, 2007.

BEN-SHAHAR, Tal: *Happier, no matter what*, The Experiment, 2021.

BRACH, Tara: *Aceptación radical*, Gaia, 2020.

BRANDEN, Nathaniel: *Los seis pilares de la autoestima*, Paidós, 2020.

CADDY, Eileen: *Huellas en el camino*, Luciérnaga, 1990.

CHATTERJEE, Debashis: *El liderazgo consciente*, Granica, 2013.

CHOPRA, Deepak: *Las siete leyes espirituales del éxito*, Edaf, 1996.

CHOPRA, Deepak: *Sincrodestino*, Alamah, 2003.

CLEAR, James: *Hábitos atómicos*, Diana Editorial, 2020.

COLLINS, Marva: *Ordinary children, extraordinary teachers*, Hampton Roads Publishing, 1992.

DISPENZA, Joe: *Deja de ser tú*, Urano, 2012.

DISPENZA, Joe: *El placebo eres tú*, Urano, 2014.

DISPENZA, Joe: *Sobrenatural*, Urano, 2018.

DOTY, James R.: *La tienda de magia*, Urano, 2016.

DYER, Wayne: *Tua zonas erróneas*, Grijalbo, 2021.

EASWARAN, Eknath: *Meditación*, Herder, 1995.

FRANKL, Viktor: *El hombre en busca de sentido*, Herder, 2004.

GANDHI, Mahatma: *Autobiografía*, Gaia, 2019.

GOLEMAN, Daniel: *Inteligencia emocional*, Kairós, 1996.

GOLEMAN, David: *Los caminos de la meditación*, Kairós, 1997.

GOSWAMI, Amit: *La física del alma*, Obelisco, 2011.

GRACIÁN, Baltasar: *El arte de la prudencia*, Temas de hoy, 1994.

HELLINGER, Bert: *Reconocer lo que es*, Herder, 2019.

HAWKINS, David R.: *Transcending the levels of consciousness*, Veritas, 2006.

HAWKINS, David R.: *Power vs. force*, Hay House, 2012.

HAWKINS, David R.: *Dejar ir*, El grano de mostaza, 2014.

HOLIDAY, Ryan: *The obstacle is the way*, Profilebooks, 2015.

HOLIDAY, Ryan: *Ego is the enemy*, Profilebooks, 2017.

HUFFINGTON, Arianna: *THRIVE*, WH Allen, 2015.

KRISHNAMURTI, Jiddu: *Limpia tu mente*, Martínez Roca, 1999.

IYENGAR, BKS: *El árbol del yoga*, Kairós, 2000.

IYENGAR, BKS: *Luz sobre la vida*, Kairós, 2007.

LIPTON, Bruce: *La biología de la creencia*, Palmyra, 2019.

MARCO AURELIO: *Meditaciones*, Alianza, 1985.

MARQUIER, Annie: *El poder de elegir*, Luciérnaga, 2008.

MOORJANI, Anita: *Morir para ser yo*, Gaia Ediciones, 2013.

NOGUCHI, Yoshinori: *La ley del espejo*, Comanegra, 2011.

REED, Charlotte: *May the thoughts be with you*, Hay House, 2019.

RICARD, Matthieu: *En defensa de la felicidad*, Urano, 2005.

RICARD, Matthieu: *El arte de la meditación*, Urano, 2009.

RINPOCHÉ, Yongey Mingyur: *La alegría de vivir.* Ridgen Institut Gestalt. 2019.

RODRIGUES DOS SANTOS, José: *La llave de Salomón,* Roca, 2011.

RODRÍGUEZ-FRAILE, Gonzalo: ¿Un nuevo paradigma de la realidad? Manuel Heras Alcalde. 2015.

SELIGMAN, Martin: *La auténtica felicidad,* Penguin, 2019.

SÉNECA: *Sobre la felicidad,* Alianza, 1980.

SÉNECA: *Sobre la brevedad de la vida, el ocio y la felicidad,* Acantilado, 2018.

SHARMA, Robin: *El líder que no tenía cargo,* Grijalbo, 2010.

TOLENTINO, José: *Pequeña teología de la lentitud,* Fragmenta, 2019.

TOLLE, Eckhart: *El poder del ahora,* Gaia, 2006.

TOLLE, Eckhart: *Un mundo nuevo, ahora,* Gaia, 2007.

TOLLE, Eckhart: *El silencio habla,* Gaia, 2007.

WILBER, Ken: *Breve historia de todas las cosas,* Kairós, 2015.

WARE, Bronnie: *The top regrets of the dying,* Hay House, 2019.

WIGGLESWORTH, Cindy: *The twenty-one skills of spiritual intelligence,* SelectBooks, 2014.

ZANDER, Rosamunde & Benjamin: *The art of possibility,* Penguin, 2000.

Agradecimientos

Estoy profundamente agradecida a Manuel Pimentel por creer en mí. Nunca olvidaré el momento en que me dijo que publicaría este libro, mi primer libro. ¡Me sentí tan feliz que debo escribir otro para volver a sentir algo así!

Gracias a Ana Valverde, editora maravillosa, cercana y paciente con alguien que aprende por primera vez lo que conlleva publicar un libro.

Extiendo mi gratitud a todos mis profesores desde el comienzo de mi vida que supieron colocar en mí el deseo de aprender y, en especial, a mi mentor Juan Antonio Sagardoy.

Agradezco a mis profesores de piano, y sobre todo a Asunción Silvan, Fanny Suarez, Katarina Gurska y Vukan Matic, por creer que dentro de mí había algo valioso que ellos ayudaron a sacar al exterior.

Este libro no existiría si mi cirujano Jesús Molero (y su equipo) no hubiera invertido muchas horas en un quirófano hace unos años y si mi oncólogo, Antonio González Martín, no hubiera continuado ese trabajo.

Agradezco a Gonzalo Rodríguez-Fraile el haberme abierto los ojos a la consciencia y su completa dedicación a esta tarea.

Quiero dar las gracias a Mario Alonso Puig, por animarme desde el primer momento, por ofrecerme su inspiración y por personalizar todo lo que enseña.

Me gustaría agradecer a Tal Ben-Shahar, mi maestro en la felicidad, por todo lo que he aprendido de él, como profesional y como persona, y lo que sigo aprendiendo cada semana cuando nos muestra a través de su profundo conocimiento y su humildad su impresionante categoría como ser humano.

Inmensa gratitud a Muhammad Yunus por su continuo ejemplo de consciencia para construir una sociedad más equilibrada. Su vida me ha inspirado desde el día que lo conocí.

Gracias a Mercedes Alcover, Andrés Álvarez, Carmen Araujo, Jorge Bañuelos, Anny Beristain, Eva Cantero, Javier Caparrós, Montse y Juanjo Cercadillo, Carmen Díaz, Ross Fierro, M. Ángeles Gallego, Alejandra Gámez, Ramón Garayar, Jorge García del Arco, José Ramón García Hernández, Montse González, Tomás González Caballero, María González Romero, Emilia Herránz, Martha Herrera, Agustín Landa, Enrique Monís, Chema Moreno, Susan Noonan, Luis Obispo, Susana Palomero, Amalia Pemartín, Mari Carmen Portero, Miguel Ángel Remiro, Ana R. Robles, Sidemberg Rodrigues, Tomás Tomeo y Pilar Yébenes por estar presentes en mi vida, por su profunda amistad y por creer siempre en mí.

Mi profunda gratitud a Patxi Lizardi, mi maestro de tantas cosas, y entre ellas el yoga que nos lleva hacia adentro.

Eterna gratitud también a Marino Martín, mi «restaurador de cuerpo, mente y espíritu» y gran amigo desde hace tantos años.

Un agradecimiento muy especial a mis hermanos, Ana, Eloísa, Manuel y Marta, por su fe en mí, por animarme en esta aventura y por su constante apoyo en mi vida, suceda lo que suceda.

Finalmente, quiero expresar mi gratitud a mi madre, por todos los valores que me inculcó desde pequeña; a mi padre, cuyo ejemplo y profundo amor me han mantenido siempre en pie y al Absoluto, que me permite hacerme consciente del regalo de la vida al ir descubriendo poco a poco la sutileza que subyace en cada uno de los acontecimientos que tienen lugar en nuestras vidas.

www.felicidadcristobal.com